投資學

從零開始

STARTING
FROM
SCRATCH

極簡

奧里森‧馬登 ——著

劉一凝 ——譯

沒投對胎永遠貧窮？
機會永遠不屬於自己？

一本書擺脫現有階級，身為商場小白都該筆記！

美國成功學大師奧里森‧馬登暢銷精選書

口袋裡只剩下幾塊錢，也能進行理財規劃嗎？
經商一定要有幾百萬資本額？零成本有可能開公司嗎？
好不容易登上老闆之位，留不住人才究竟是誰的問題？
從開源節流、心態調整到經商策略，馬登帶你一步步走上創業之路！

目錄

CONTENTS

CONTENTS

CONTENTS

前言

「我就是在這裡經歷了人生最為艱難的歲月，」愛德華·莫蘭，這位著名的海軍主題繪畫畫家，最近在拜訪費城時這樣說，「西元 1844 年，我從英格蘭搭乘一艘裝載移民的船來到了紐約。當時我只有十五歲。在大城市徘徊了很長一段時間，我花光了身上的錢，只好步行到費城。沿途每到一個小鎮，我都靠打零工來賺錢。很快，我來到了費城，開始在詹姆士·漢密爾頓手下學習，我真的非常感謝他。當然，他無法理解為什麼我會如此貧窮，因為我身上有種能讓人愉悅的東西。但是，有一天，當他知道我住在一間閣樓裡，在那間閣樓裡，唯一的家具，就是一張木製的椅子與幾份紐約的報紙。」

「你是怎麼熬過來的？」他以驚訝的口氣問道。

「沒什麼啊！」我回答說，「晚上，我睡在報紙上，白天坐在椅子上。」

當然，這是一個非常極端的例子，但也是成千上萬人從貧窮與匱乏中掙脫，追求名聲與財富的典型例子。事實上，在美國，年輕人與艱難的環境抗爭，這是再正

PREFACE

常也不過的了。正如一位來自英國的旅行者說，出生在木屋或是貧窮的家庭是為未來的偉大做好準備的一種方式。當然，我們現在已經不再處於住在木屋的那個時代了，但這位旅人說的話依然有道理，特別對那些出身貧苦，但又想在這個世界上有所作為的男孩來說，更為真實。他可能無法像莫內那樣，在倫敦或是巴黎成功地舉辦畫展，或是成為水彩畫協會的會員，但他依然可以在某些領域，以自己的方式去創造偉大，依然可以憑藉努力，過上更體面的生活。

「我會為城市的教會捐贈 5 美元。」一位蘇格蘭人在街上遇到一位牧師，在牧師沒有要求捐贈的情況下，主動這樣說。

「非常感謝你。我們正需要這筆錢，這將可以做很多善事。」牧師極為真誠地說。

牧師在離開那位蘇格蘭人時又說道：「碰巧遇到這樣一個善人，真是太幸運了。」

「等一下，」蘇格蘭人轉過身對牧師說：「我身上只有 5 美元，我可以不給，也可以自己花掉，那樣我就不需要再為郵票出錢了。」

這位蘇格蘭人節省不必要開支的做法，成為貫徹了

他一生的工作方式，讓他可以省下 5 美元給那位牧師，否則的話，牧師是不會那麼「幸運」的。

「我們在這裡也不會有什麼大收穫的。」一位女士這樣對她的同伴說，當時約翰‧穆雷在她們說出了那個用於慈善目的的募款計畫時，他正在寫作。聽完了之後，他吹滅了一根蠟燭，然後捐了 100 美元。那位女士說：「穆雷先生，我真的是太驚訝了，我原本以為你不會捐錢的。」穆雷這位虔誠的信徒問她，為什麼會有那樣的想法，在這位女士回答後，穆雷說：「女士們，這就是我捐給妳們 100 美元的原因。正是靠平時的節省，我才有錢去做慈善。一根蠟燭其實就已經夠亮了。」

愛默生曾說過下面這件逸事：「波士頓有一位很有錢的商人，一日，他的一位朋友代表一個慈善機構前來拜訪，希望他能夠有所捐贈。此時，商人吩咐他的手下準備一半的薄餅，而不是整份圓圓的薄餅，朋友覺得這可不是一個好兆頭啊！但讓他驚訝的是，商人在聽完他的話之後，竟然答應捐贈 500 美元。朋友表達了他的不解，因為那些只準備一整個薄餅的人，才有可能捐贈 500 美元啊！但是這位商人說：『正是因為平時節省了半個薄餅的錢，省下一些小的開支，我現在才有錢可以做善事。』」

PREFACE

第一章　節省之道

　　我所學到的第一個教訓，就是學會如何花錢—如何利用微薄的薪水，去購買食物、衣服或是租房子。讓人奇怪的是，一些人似乎永遠都不明白這個道理，而是身負債務，最後滿心失望地破產了，覺得自己無處可歸。一個男孩口袋裡揣著一丁點的積蓄來到大城市，一定若想辦法最低程度地減少開銷。了解這些知識，將比給他一處住所更加重要。他必須明白，每省下一分錢，就是賺了一分錢。

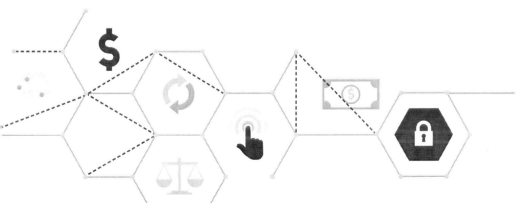

01　財富的基石

　　J. G. 霍蘭說：「新英格蘭這個地方，以其土壤貧瘠與自然環境艱苦而聞名，但要是按每平方公尺來計算的話，地球上任何其他地方，都無法與這裡帶來的舒適相比。每個出生在新英格蘭的人，一生都在不斷地努力，希望能改善自身的環境。他們每天都懷著一個明確的目標去工作。新英格蘭的富人，都是靠著那些日常中數目小的積蓄慢慢累積而來的。無論他們的薪水多麼卑微，他們都不會全部花光。他們一年中所賺薪水的 25％ 都會儲存起來。以這樣的方式來累積財富，是非常有連貫性，甚至可以說是非常持久的。」

　　A. M. 戈維講述了一個目標是在美國扎根的年輕英國青年的故事。

　　他之前是個礦工，為了尋找工作，來到賓夕法尼亞州西部的煤礦區找工作。雖然他沒有接受過很多教育，但在勤儉持家的妻子的幫助下，他下定決心一定要憑藉自身的勤奮與節省，贏得鄰居的尊敬與信任。在他與妻子都沒有工作的時候，就在所租房子的一處開闢出一小塊地方，在這裡種花和馬鈴薯。他是一個有著良好習慣的年輕人，絕不會和那些狐群狗黨在一些愚蠢的娛樂活動上浪費時間與金錢。

　　所以，當他因為意外，雙手脫臼，無法在礦場工作的時

候，他還可以到農場用手臂幫別人晒草，一天的收入是 25 美分。當薪水低的時候，他覺得自己剛好還夠用。當薪水稍微漲了一點後，他就開始存錢。因此，憑藉著誠實的工作態度與勤儉節省的習慣，他在幾年的時間裡儲存了足夠的錢，購買了一座不錯的農場，他與妻子舒適地住在那裡，贏得了鄰居們的信任，生活上也徹底獨立自主了。

他有一個原則，就是在他工作的時候，絕不浪費時間，也不會因為自己得不到最高的薪資而放棄工作，他從不喝酒，總是把錢存起來。當然，也有一些人嘲笑他一直那麼勤勞與節省，但他最後因為自身的努力與精明，擁有了屬於自己的農場，而那些追求娛樂與浪費金錢的人，多年來則是一事無成。

安德魯・卡內基說：「一個人首先應該學會的事情是儲存金錢。只有透過節省金錢，他才會不斷實踐節省的習慣——這是所有習慣中最具價值的。節省就是財富的製造者。這也是文明人與野蠻人之間的差別所在。節省的習慣不僅能夠讓我們獲得財富，更能鍛鍊我們的品格。」

很多年輕人可能看不起一些「零錢」，隨意地就將它花掉了，甚至拿這些錢去做一些更糟糕的事情。事實上，這些「零錢」才是形成我們財富與獨立自主的基礎。無論是富人還是窮人，年輕人還是老人，男人還是女人，只有靠平時的節

省，我們才有資本去創業。從商業角度上來看，那些身無分文的人是最無助的，除非他能夠立即運用自身的心智。除此之外，無論是男人還是女人，當他們被逼到絕境的時候，保留自尊與獲得公眾信任的機會，都在迅速減弱。

這是每代人都知道的一個道理，那就是只有那些平時注意「零錢」的累積的人，才能擁有巨大的財富或是一定程度的財富。「不要小看日常的零錢。」

在美國的下一次人口普查時，人口可能就會超過三億了。要是每人一天節省 1 分錢，那麼整個國家一天就能省下 300 萬美元，一年就是 10.95 億美元了。這個巨大的數目，足以影響國家的整體經濟。試想一下，要是每天能夠節省 2 美分、5 美分、10 美分或是 25 美分，那整個國家乃至個人，將會發生多麼大的變化啊！

「我真希望自己能夠在天空下，用金色筆寫下『把錢放在銀行裡』這幾個字。」威廉・馬奇牧師說。

學校推動「節省銀行」的做法，得到了廣泛的好評，因為可以教會小學生養成節省的習慣。西維吉尼亞州的一間小學在實施這樣的做法後，孩子們用於買糖果的錢大幅度減少了。女孩子用於買口香糖的錢也減少了；男孩子抽菸的人數也明顯減少了。《青年之友》的發言人說：「顯然，小學生都開始意識到節省的重要性，這不僅是節省金錢，更是減少毫

無意義的花費及戒掉一些不良的習慣。」

教育小孩子不要隨便花錢，讓他們不要動不動就浪費金錢，告訴他們如果這筆錢省下來的話，即便自己日後用不上，也肯定會有用的。包裝紙、橡皮筋、其他零碎的東西，要是能夠不隨便丟棄的話，下次就可以繼續用，節省不必要的開支。節省的習慣是每個人都應該培養的，因為只有平日的節省，才能讓我們過上富足的生活。囤積金錢對小孩子來說不是一件壞事，但也不應該鼓勵，而是應該合理地利用資源，為日後的開支做規劃，這是每個孩子從小就應該學會的。很多商人都非常重視諸如節省的價值，所以對小孩子來說，大人們更應該培養他們節省的習慣。

威廉·馬修斯說：「若想在這個世界過上富足或獨立的生活，唯一的方法，就是在日常生活裡養成節省的習慣，將收入支出列出一個記帳明細，避免任何大的開銷，最大限度地減少開支。在過去那些教科書裡，一定有很多關於節省的重要性的話，比如『肆意地浪費會讓你到時候一無所有』，現在看來，這些話語同樣適合我們這個時代。一些人遵守了這些教訓，在這個世界過上了富足的生活；一些人則無視這個教訓，結果過得很悲慘。所有的經驗都在告訴我們，要勤奮地工作，平日注重節省，這是獲取財富的重要途徑，但注重節省與勤奮工作一樣重要。

　　幾乎所有累積了大量財富的人的例子都證明，那些人都非常注重細節上的開支，這才是他們成功的祕訣所在。財富並不是像瀑布那樣瞬間向他們滾來，或是一下子從天上掉下來的，而是漸漸地累積，透過年復一年的節省，將別人肆意浪費掉的零錢都集中儲存。他們將很多沒有頭腦與貧窮之人認為毫無價值的零錢集中起來 —— 一分錢、兩分錢、五分錢，他們都默默地積蓄起來 —— 最後他們財富的金字塔就是這樣緩慢成形的。」

　　很多人之所以毫無意義地浪費金錢，是因為這很「方便」。養成一個把錢存在銀行的習慣，那裡是讓自己不能馬上使用錢的地方。如果你所在的地方離銀行很遠，就存放在一個讓自己無法使用的地方，直到你把錢存到銀行裡。

　　「留下過冬的食物吧！」一位紳士對為他服務的愛爾蘭人說。不久後，他問愛爾蘭人，昨天他去商店買了什麼貨？「老實說，什麼也沒買，我按照你的吩咐去做，但昨天雨下得很大，所有錢都用於 —— 喝酒了。」愛爾蘭人回答說

　　顯然，愛爾蘭人沒有將錢放在一個正確的地方，沒有把錢存在銀行裡。

　　在馬歇爾‧菲爾德離開到處都是高山的新英格蘭，到芝加哥尋找財富的四年後，他成為了柯里與法威爾公司的合夥人。這位年輕男子解釋了自己在沒有背景、財富與影響力的

情況下獲得提拔的原因，他只說了一個理由，那就是他把自己的錢節省下來了。

班傑明‧富蘭克林說：「如果你知道如何讓自己所花的錢，比你所賺的錢少，你就有了哲學家的思維了。」他還這樣說過：「讓誠實與勤奮成為你永遠的同伴吧！花的錢始終比你所賺的錢少的話，你的口袋就會漸漸鼓起來，那些債主就不會上門侮辱你，你也不會飽受匱乏之苦，更不會吃了這頓沒了下頓，或是沒有衣服穿。」

誰會不為他們與富蘭克林有所連繫而感到驕傲呢！無論他們是都市人、鄉下人，都會為他深感自豪。當我們回首看時，發現自己在年輕時的節省，為日後的競爭力與慷慨打下良好的基礎，讓自己的靈魂能夠處於一種高尚的境界，遠離感官的刺激，最終過上一種幸福美滿的生活，那麼，我們可能就會油然而生一股自豪感。但是，在我們這些人中，不知有多少人會詆毀、諷刺或是指責一個年輕人追隨富蘭克林的做法呢？

「我認識一位年輕人，在他二十歲的時候，年薪達到 900 美元，但他每個月竟然沒有剩下一分錢。」威廉‧馬哈爾說，「他對債務有一種天生的恐懼，在他的收支平衡表上，他總是希望自己的收入一欄能夠有更多錢，但是他每年還是花了很多錢。在他二十歲那年，一些事情終於讓他開始這樣

問自己：『今天你到底把自己的薪水花在哪裡了？』他自己也無法回答這個問題。幾天來，他都在思考這個問題，最終拿起筆和紙，決心一定若想出一個答案來。這是他這輩子第一次對自己的開銷感興趣。他發現，原來自己的房租花費了太多錢，一年到頭買衣服的錢也花了很多，他給母親的錢也不少，他的夏日旅行也花了大筆錢，這些開銷總共花費了 600 美元。難道他不可以只花 300 美元，用於娛樂或是其他方面的開支嗎？

他不斷地思考這個問題，最後他對自己說：『按照我目前的狀況來看，我一年的花費應該在 500 美元左右，明年我將這樣做。我的薪水即將調整到 1,000 美元，我應該將一半的薪水節省下來，我一定要好好努力，無論發生什麼事。』

他到銀行開了一個帳戶，存了 10 美元，並下定決心每個星期都要到銀行存錢。他知道，要是發生什麼緊急情況，他可以從銀行取出一些錢來應付，但他也下決心，要是可以避免的話，絕對不這樣做。他驚訝地發現，看著自己戶頭上的資金不斷地增長，他由衷地感到開心，但更讓他感到開心的是，他終於為未來做出了一個明確的準備。他還是會去電影院，但次數不多了，他不再參加任何舞會了。一年過後，當他回想的時候，發現這是他最開心的一年。他更好地利用了圖書館，與很多有趣的人交上了朋友。他的薪水在增長，他

的銀行帳戶讓他感到愉悅。幾年之後，他有機會更好地在商界裡打拚。要是他能夠得到一些新的工作機會的話，那個準備錄用他的人會對他的銀行存款印象深刻，因為這說明了此人幾年來都過著節省的生活，並有良好的生活習慣。」

很多年輕人都未曾仔細地思考過這樣的問題，要是他們仔細研究一下，就會發現原來之前自己的開銷都是漫無目的的，要是他們能有堅定的決心或是計畫的話，結果一定會更加令他們滿意的。

「一個國家正從困難時期復甦，」一位經濟專欄的作家寫道，「正是因為人們在日常生活中節省下來的巨大財富，雖然在生產處於一個合理的階段時，人們的消費水準就會各有不同的。要是一個人在花錢時三思而後行，那麼我們的國家將會變得更加富有，因為更多生產的東西被節省下來了。從這個事實可以得出一個很多人通常不理解的真實道理，那就是我們在『困難』時期，國家更快地變得富有，而不是在商業繁華，每個人似乎都在賺錢的時候。」

這說明了節省下來的財富，甚至要比流通中的金錢更加重要，因為這讓每個在銀行有帳戶的人的錢都更多。

一位記帳人曾說，在《青年之友》聽完講座後，他驚訝地發現，只要他平時在小事上有所節省的話，他就會有錢去買很多非常寶貴的東西。

「我曾下定決心，一定要買一個金錶。我是這樣省下金錢的：當我感覺自己想吃一頓價格 50 美分的午餐時，我只吃 25 美分的，將另外 25 美分的錢存進我買手錶的帳戶裡，我經常會這樣做。你很難相信的是，在短短六個月裡，我就儲存了足夠的錢去買一個金錶了。」

「但你看起來好像沒有買金錶耶！」他的朋友看到他在買錶後，生活基本沒有出現什麼變化。

「是的。當我發現我可以不吃一頓 50 美分的午餐也過得很好時。接著，我就想，要是沒有金錶的話，我照樣可以過得很好。現在，這筆買手錶的款項，已經進入了購買房子的款項了。」

堪薩斯城的一名報業出版商，在聖誕節的時候，為每位報童開了一個銀行帳戶，跟他們說每個人的戶頭上都放入了 1 美元，並許下承諾，要是他們在接下來的六個月裡依然有這 1 美元的話，就再給他們 1 美元。他手下總共有一百位報童，有五十位成功地獲得了另外這 1 美元，有一些報童的戶頭裡，甚至有 10 美元到 12 美元，其中一位報童的戶頭上甚至有 32 美元。在第二個聖誕節的時候，一位報童的帳戶上，竟然有高達 150 美元的存款。銀行的主席對這個結果非常滿意，個人出錢獎勵了那些堅持把錢存在銀行一年的報童。對報童們來說，這是一個關於節省方面的措施，顯示了節省所

能帶來的可能性，因為很少有孩子明白日常隨便累積 1 分錢，最終會讓他的幾分錢變成 1 美元的道理。

02　財富是如何展翅的

> 買你不需要的東西，遲早你就要賣出你所需要的東西。
>
> —— 富蘭克林

> 我們將錢花在穿衣上，直到家庭的歡樂與舒適都沒有了。用於購買衣服的錢，讓我們的儲藏室空無一物，讓我們的冰箱沒有食物，讓我們沒有柴火，帶來了飢餓、冷漠與悲傷，而原本家庭應該充滿平和、舒適的。
>
> —— 科威爾

> 一位傳奇人物跟我講述了一位學徒的故事，這位學徒從被扔掉的破爛玻璃中，挑選來為教堂建造了一座極為美麗的窗戶。在這位學徒將這些破碎玻璃組裝起來之前，在他心中已有了完美玻璃的形象，最終將這幅形象拼湊起來。
>
> —— N. D. 西里斯

在約翰‧麥克那提，這位被稱為「一無所有的強尼」突然暴富時，他還是一個年輕人，對商業知識一無所知，他肆

意地揮霍著金錢。甚至會為了喜歡的馬匹買下馬車，並聘請了一位馬夫。在他厭煩後，就將這輛車與馬都送給那位驚訝的馬夫。類似這樣的事情很多，很快地就讓他過上了貧窮的生活，他不得不重新為每天的生計而奔波。他的生活又一次回到原來的狀態，就像是河水突然被洪流一下子充溢了，然後迅速地退去，回到原先正常的狀態。

在健康與獲得自由的狀態下，所有的家庭遲早都會回到他們原先的經濟狀況。若要變得富有並且繼續保持這種富有，只有在他們有能力這樣做，或是身體處在世人認為健康的狀態下才能如此。貧窮的壓力或是想要自力更生的願望，讓人不得不勤奮工作，節省金錢，同時，這樣做會讓我們獲得財富，接著，富足就能讓我們獲得自由，但又通常會讓我們變得揮霍，如此一來，我們辛辛苦苦所賺來的錢自然會消散，這是遲早的事情。古老的格言通常都是正確的。「富不過三代」這句話就很好地詮釋了這個道理，即便存在一些特例，財富最多也只能傳到第四代或是第五代而已。

巴伐利亞的國王盧德威格，從小就不知道金錢的價值。在小時候，他幾乎沒有什麼零用錢。在他十八歲的時候，國家賜給他一袋金子，他第一次買東西，就想為他母親買一個紀念章，在付錢的時候，他將整袋金子都遞給老闆，說：「拿去吧！」要是他從沒感覺到金子的價值，那他又怎能知道

它的價值呢？接著，他又想在野外的公園建造凡爾賽宮，或是將沉寂的慕尼克變成一座世界繁華的城市，在他跟別人說「照我說的去做」與「花多少錢都照樣付」的時候，難道不是很自然的嗎？

據說，約瑟芬成為皇后不久，法國每年給她的梳洗費用就達到 7.2 萬美元，後來，這個數目增加到了 9 萬美元，但是，約瑟芬皇后總是超支，不得不讓拿破崙又多給她一些錢。

根據共濟會的估算，約瑟芬皇后每年用於梳洗方面的費用，就高達 2.2 萬美元。當我們到她的衣櫃裡查看她的衣服，知道每件衣服所花費的錢後，才知道這個女人為什麼能花這麼多錢。比如，她的長筒襪幾乎都是用白色的絲綢做的，還有很多做工精細的繡花與裝飾。這樣的襪子一隻要花 150 美元，一雙襪子的花費就高達 300 美元到 800 美元。

她請了兩位美髮師 —— 一個負責日常幫她打理頭髮的，年薪是 1,200 美元；另一位美髮師則是專門在她出席重大場合前幫她做髮型的，年薪在 1,000 美元到 2,000 美元之間。還有很多生活細節上的零碎開支，都是如此。

要不是拿破崙具有節省的常識，她的奢侈之風將毫無疑問地在法國的上流社會如野火般蔓延，而法國人民的生活狀況，則與她的生活形成了鮮明的對比 ——

「財富被惡魔吞噬了，留下一大群飢餓的人。」

在歷史上，沒有比古羅馬帝國在這方面的強烈對比，更讓人震驚的了。帝國內大部分的人，都掙扎在飢餓線上，因為從亞歷山大港開來的玉米船延誤了，但是上流社會的人，在每次宴會時都浪費著財富，喝著名貴的酒，穿戴著價值數百鎊的珠寶，吃著孔雀腦與夜鶯的舌頭。結果，疾病肆意蔓延，人的壽命也非常短。這時候的羅馬上流社會女性的衣著，更是前所未有的奢華。年老的普林尼曾說自己見過蘿莉亞‧寶琳娜（Lollia Paulina）在結婚的時候，穿著的婚紗上鑲嵌著寶石與翡翠，價值應該超過四千萬賽斯特斯（當時的貨幣單位），而這件婚紗的價格，卻比她的很多日常衣服還便宜。上流社會的這些人暴飲暴食，貪得無厭，生活奢華，喜歡炫耀，內心卻空虛至極，想不到還有什麼其他方法可以打破沉悶的生活，消除疲乏與絕望。

羅馬上流階層每次宴會所耗費的金錢，幾乎超過人們的想像。蘇埃托尼烏斯提到他的哥哥曾做的一頓晚餐，這頓晚餐有超過兩百種不同的魚，七千種不同種類的鳥類，還有一道菜，從它的形狀與功能來看，被稱為「米娜瓦之神」。這頓晚飯主要由鸚嘴魚的魚肝、野雞與孔雀的腦髓、鸚鵡的舌頭等組成，花費之大讓人驚訝。

這些都是極端奢靡的例子，但即便是在這個時代，按照

每個人所擁有的財富不同，很多富人都在揮霍著財富，很多收入中等的人，也在一些開銷方面顯得很奢侈。

我們毫無節制地揮霍著財富，在物質累積與開銷方面與別人互相比較。我們的心思都放在如何更好地生產產品，然後將它們占為己有。這個想法似乎是每個人都共通的，那就是不需要多麼努力，只要你有足夠的錢，新的千年自然會到來。

當代一位經濟學家說：「花錢容易，存錢難，幸福取決於我們合理地獲得我們想要的東西。無論我們想要什麼，都要保留一定的餘地，無論這個餘地多麼小。對那些有固定收入的人來說，想要存錢其實是不容易的。因為生活中會遇到無數的狀況與誘惑，或是很多我們無法預見或是無法控制的事情。對那些沒有固定收入的人來說，這個問題幾乎是不可能解決的。據說，從全體來看，人總是需要過上一年的飢餓生活。當然，能夠為接下來的一年累積足夠的金錢的人，或是足夠他們度過一年的人是不多的，這需要他們在平日生活裡懂得節儉，為未來做好打算。要是能這樣做的話，這將有助於我們更合理地開銷。

事實上，合理的支出就是合理的儲存。要是某人能夠存到錢，那麼他就能在關鍵時刻用上。掌握這門學問的關鍵，在於區分重要的事情與不重要的事情，首先滿足重要事情的需求，而次要要求則在我們有能力的情況下才予以滿足。」

　　無論男女，他們都習慣滿足自己隨性的願望或是任性的行為，一開始，他們會發現若想減少自己各種沒必要的支出，是一件多麼困難的事情，要他們生活在一間小一點的房子裡，而不是原先寬敞的房子，家具也比之前更加便宜，聚會沒有以前那麼頻繁，少買一點昂貴的衣服，不用僕人，舞會的人數少一點，聚會、到看電影、搭飛機旅行、愉悅的遠足、抽菸、喝酒或是其他奢侈的開銷都削減，會讓他感到非常難受。但要是他能堅持這個計畫，將這些小錢都累積起來，合理地進行投資，他一定會驚訝地發現，看著這些小數目慢慢變成大數目時的那種快樂感覺，以及在這個過程中培養節省習慣所帶來的樂趣。

　　舊衣服、戴過的帽子或是穿過的裙子，下一季還可以穿戴，洗冷水澡或是走一段路，也要比搭乘最豪華的馬車旅行更有意義，與人交談，晚間與家人聚在一起朗讀，或是和孩子玩一個小時的「尋找拖鞋」等遊戲，比需要花費 50 美元甚至 500 美元的聚會更加有趣。

　　在我們反省每件事情所需要的開銷時，我們就開始懂得節省的樂趣所在了。很多人過著貧窮的生活，也有很多人在賺取了一大筆錢後，原本可以讓他們過上富足的生活，但是他們卻這裡花一點，那裡花一點，最後又回到了貧窮的生活。一些家庭每年的開銷達到幾百美元甚至數千美元，而其

他家庭的開銷雖只有前者開銷的二十分之一，依然過著舒適與充滿樂趣的生活。

富足要比逆境更加折磨我們，特別是在我們一夜暴富的時候。「來得快，去得也快」這句古老的格言不假。一旦放任驕傲與虛榮感，就像是讓人得了潰瘍的蠕蟲一樣，撕咬我們所擁有的財富，無論是大是小，是數百元還是數百萬。

很多人在他們剛開始有錢的時候，就立即增加自己的享受方面的開銷與，結果在很短的時間內，他們的開銷就超過了他們的收入，最後他們因為保持形象的荒唐舉動而毀掉了自己。

「我所認識的一位很富有的紳士曾說過，在他剛開始有錢的時候，他的妻子就覺得她必須要買一張全新的柔軟沙發。『那張沙發花了我 3 萬美元。』他說。在買了這張沙發後，又發現有必要去買張桌子來陪襯，接著又是茶具、地毯與椅子等『配件』。當這些家具都買完後，妻子發現這間房子太小了，而且顯得很舊。於是，他們就花錢建造了一間全新的房子。『因此，一張沙發最後造成了 30 萬美元的開銷，還有請一些僕人或其他開銷，只為了撐起門面。這樣一年的花費就要 7,000 美元，真是一筆巨大的負擔。十年前，我們住在那個家裡感覺非常舒適，因為我們不需要再考慮別人的眼光了。但事實上，那張沙發差點讓我破產。要不是我及時煞住車的話，我現在肯定又回到原先貧窮的生活了。』」

　　若想過上富足的生活，你必須要學習，必須要去獲取與感覺金錢的價值。永遠不要忘記一點，你在合法的職業裡透過誠實工作賺來的金錢，就是你在你所在的社區所具有的價值的衡量標準。

03　金融領域就如競技場，行動與反應力都同樣重要

　　一位習慣揮霍的人對他富有的朋友說：「我發現這個世界有足夠的金錢分給每個人，如果這些錢都能平均分配的話，那麼就應該這樣做，每個人都會感到高興。」

　　他富有的朋友說：「但如果每個人都像你這樣的話，那麼，這些錢就會在兩個月內被花光。到時候你怎麼辦呢？」

　　「哦，那再分啊！當然是繼續分啊！」

　　從理論上來說，這樣的分配對解決每個人遇到的經濟困境，不失為一種輕鬆與有趣的方式，但在實際生活裡，在這個充滿競爭的世界裡，那些有錢人無不一致、毫無妥協餘地地反對這個計畫，反而是寧願我們給予他們相關的服務，再按照這樣的服務給予我們回報。

　　「此刻，我不會去討論這個問題，」佛羅倫斯‧貝爾（Florence Bell）說，「關於富人是否願意去做絕大多數人認為

『正確』的事情的可能性。因為要是根據利他主義的信念出發的話，根本就不需要花時間去討論這個問題。我將不去重複說明這樣一個在很多人看來是睿智，實際上是愚蠢的形式的東西。就整體社會天平平衡的層面來說，一部分人認為富人理所當然該將部分財富捐給那些需要金錢的人，因為窮人的確需要這些金錢。

我想要了解他們是否做到了其中一點，雖然這意味著比單純將向『被救濟者』進行一番不情願的說教耗費更多的精力。有時候，從個人的角度出發，這可能是行得通的；但若是站在社區角度來看，則可能是不現實的。兩者之間的關係，乍看好像是相互交叉的，但我們可以說，不能因為害怕損害一方的利益而受到誘惑，而是要耐心與認真地解開兩者纏繞的地方。在一般的情況下，兩者的關係都是互相纏繞的。

當然，對於那些真正身處匱乏之中的窮人來說，那些為人慷慨的人就會盡可能地給予幫助，幫其他人解困。我甚至會說這樣的一種心態，會激發出某種高尚的情愫。

這些日常的英雄主義與自我犧牲，付出了自身的精力，分擔著別人的痛苦等行為，都是不可能透過理論來學到的，更有可能的是讓某人代替你去做這樣非凡的舉動。但這真的行得通嗎？難道真的有這麼高的道德標準，是那些富人們所無法達到的嗎？要是環境沒有將他們某些人性中最美的品行

激發出來，這些品行就要永遠地沉睡了嗎？如果真是這樣的話，讓我們從正確的地方尋找解藥吧！

節省不是我們這裡所需要的美德，事情沒有那麼簡單。我們所需要的，是要反抗所處的環境與際遇，不讓自己成為環境的犧牲品，保持內心的理想之火，深信抵抗被環境同化是非常必需的。但是，那些過著陽光與富足的生活的人，也有可能錯將他們的滿足感與知足，認為是道德高尚的表現，不需要對自己進行什麼檢討。

柏拉圖告訴我們，在你又老又窮的時候，是不可能快樂的。因此，我們就假設，如果你老的時候很富有，那麼你自然就能快樂了。但即便這樣的條件滿足了，顯然這些本身都不是一成不變的 —— 因為要是那樣的話，我們都是一群富有的老人，在所在的社區都能共用 —— 但這種所謂的滿足，源於飽食過後的安靜，你過上屬於自己那份美好的生活，可以知足地坐下來享受人生。這並不是哲學或是精神方面的範疇，不是努力與期望就能達到的。

那些身處讓人沮喪環境的人，覺得自己就是這樣了，根本沒有想要爭取更多的願望，因此他們也不會為此奮鬥。這樣的想法可能會扼殺奮鬥的欲望，無論是在道德還是心理層面，都是如此。無論對於我們的才智還是品格，都可能認為可以透過順境來獲得自然的滿足。但是，這種狀態，這樣的

『順境』從整體來說，不過是一般人所希望得到的目標而已，這是次等的。

在獲取金錢的過程中，承認金錢的價值，或是拓展自身的見識，對這個世界的美好事物有所了解，我們必須要發現，還有很多低於最高層次的秩序。那些天生富足的人知道這點。幸運的是，很多人天生就不富有，但他們不謀求更多的東西，他們的潛能都被神性展現在他們的某些偉大與光榮的天賦裡——或者是，他們浪費了這些天賦，沉思與追求某個更高的理想。」

04 需要的時候說「不」，免去你很多麻煩

「還有一點很重要，那就是在適當的時候學會說『不』。」塞謬爾·斯邁爾斯說，「當誘惑來襲或是引誘來臨的時候，立即說『不』，一定要非常果斷與沒有商量的餘地。——『不，我承擔不起』這句話，是很多缺乏道德勇氣的人都不敢說的。他們無法自我克制，他們時常向別人屈服，做出讓步、但總是放任自己，最後通常落得貪汙公款、詐騙或是自我毀滅的下場。社會對這些例子是怎樣評判的呢？『一個生活超過自身承受能力的人。』那些他曾經讓他們開心過的人，沒有一個人會感激他，也不會有一個人憐憫他，更不會有一個人

去幫助他。

　　每個人都知道一個不會拒絕別人的人。他是每個人的朋友，除了不是自己的朋友。他很快就將自己的錢花光了，然後向自己的朋友借錢，承諾肯定能夠還。在將最後一分錢花光後，他死在自己愚蠢與笨蛋的臭名裡。

　　他人生的軌跡似乎是被別人所指引的，別人讓他做什麼，他就去做什麼。無論是他自身的想法的確與別人產生共鳴，還是他不願意冒犯別人，所以始終不願意拒絕別人。但可以肯定的是，別人很少叫他去簽署一份申請或是作什麼承諾，或是借錢給他，抑或是簽署一張帳單。大家都知道他是怎樣的為人，因為他沒有道德的勇氣去拒絕別人。

　　他的父親留給他一筆財產，足夠他過上舒適的生活。他身邊那些狐群狗黨馬上就走過來，也想從他身上分一杯羹。這就是他該說『不』的時候，但他做不到。他已經習慣了妥協，他不喜歡別人討厭自己的感覺，不忍心去拒絕別人，別人只要有所強求，他就心軟了。這些狐群狗黨無一不是要向他的錢包下手。在他還有錢的時候，朋友總是包圍著他。他是一位大家都能吃定的人 —— 也是每個人的『提款機』。他的很多關係特殊的朋友經常對他說：『只要幫我簽了這份合約就行了。』『這是什麼合約？』他會輕聲地問，就這樣簡單地走過程序，他還為自己的小心謹慎感到自豪呢！但他從來不

懂得拒絕別人。三個月後，一份金額相當大的債務到期，他的朋友們都去找這位『大家的朋友』── 這位不懂得拒絕的人。」

在人生早年就要學會「我做不到」這樣的話。這其實有助你的力量、勇氣與為人氣概。富蘭克林就說過：「真正毀掉我們的，不是我們對自己的看法，而是別人對我們的看法。」

「追求時尚比人穿衣本身更加迅速地拋棄衣服。」莎士比亞曾這樣說。

「從某種程度上來說，我們每個人都是『生而自由平等』的，這是一句非常光榮的真理。」P. T. 巴爾南說，「但是我們每個人出生時都不是一樣富有，而且，每個人也絕不可能出生時都一樣富有。一些人會說：『有些人一年的收入有 50 萬美元，但我的年薪卻只有 1 萬美元。我知道他當年也跟我一樣窮，現在他有錢了，就認為比我厲害。我要向他證明自己與他一樣厲害。我也要去買一輛保時捷，向他證明我與他一樣厲害。』

我的朋友，你不需要為此感到煩惱，因為你非常輕易地就能證明你與他『一樣厲害』。你只要在舉止方面跟他一樣就可以了，但你不能讓其他人覺得你和他一樣富有。除此之外，要是你為了那些炫耀的東西，浪費自己的時間與金錢的話，你那貧苦的妻子就會在家裡捉襟見肘。你不能一次性買

一堆奢侈品，只為了保持自己的形象。想著去欺騙所有人。另一方面，史密斯夫人可能會說，她隔壁的鄰居嫁給詹森是貪圖他的金錢，『每個人都是這樣說的』。她鄰居的丈夫披著一條價值上千美元的駱駝毛披肩，所以，史密斯夫人也要史密斯先生給她買一條。她到教堂的時候，肯定會坐在她鄰居附近，為了證明她不輸給自己的鄰居。

　　我的好姐妹們啊！要是妳被虛榮與嫉妒占據心靈的話，妳是不可能在這個世界上有所成就的。在這個國家裡，我們相信大多數人都應該是主人，我們忽視時尚的原則，讓少數人在那裡霸占著話語權，為完美製造一個錯誤的標準。為了追上這樣的標準，我們變得越來越窮，為了自身外在所謂的形象，不斷地給自己挖坑。要是我們做一個追隨本心的人，對自己說：『我要量入為出，留下過冬的糧食』那該多好啊！人們在花錢這個問題上，應該與賺錢一樣敏感。有因必有果啊！要是妳走上了一條必定走向貧窮的道路，妳是不可能累積財富的。那些有錢就拼命地花，不考慮自己未來的生活的人，是不可能實現財富自由的，這是非常淺顯的道理，不需要預言家來告訴妳。」

　　「每年，都有很多年輕女孩來到城市，」華爾街一位經濟分析師說，「她們放棄農場、鄉村的商店，及在小城鎮上的一些雜務，夢想著到大城市分享商業的繁華與貿易的果實，卻

根本不知道自己那麼微薄的薪水該怎麼活下去。

　　我所學到的第一個教訓，就是學會如何花錢 ── 如何利用微薄的薪水，去購買食物、衣服或是租房子。讓人奇怪的是，一些人似乎永遠都不明白這個道理。看看那些富人吧！很多人都曾在自己商店的櫃檯睡覺，早餐只吃麵包與牛奶。讀一下埃德溫‧摩根、約翰‧雅各‧阿斯特、康內留斯‧范德比爾特等人的故事吧！為什麼那些人這麼富有，因為他們都是花很少錢填飽肚子與購買衣服。他們的財富都是他們節省下來的。」

　　「一美元能用來做什麼呢？」一位傳教士問道。「一美元本身可以買很少東西，只可以買一塊法國脆餅，或是一根棒棒糖。在人們有空使用這一美元的時候，它的這些神奇作用就會消失。這一美元可能從主人的口袋裡消失，因為它買不了一塊麵包或是支付車資，也很難去做一些重要或是有趣的事情。但讓人驚訝的是，即便是窮人的孩子，都有很多一美元的硬幣。

　　雖然一美元本身的用處不大，但是多一美元就是多了一份力量。如果一位男孩的母親，每次在他向她要一美元的時候，都將這一美元放進一個小盒子，而不是給他花掉，那麼到年末的時候一看，就會發現到底累積了多少錢。你猜會有多少錢呢？讓你的母親這樣試試，看看結果如何。至於金

錢的倍數乘法，你永遠無法想像一美元要是經過乘法的運算後，會得出怎樣驚人的結果。事實上，這只是無足輕重的一美元而已，但要是乘以一百的話，你就能得到全新的一張百元美鈔。

要是二十萬個男孩女孩都拿出十枚一美元硬幣，無論是大是小 —— 他們能做什麼，你覺得呢？他們可以支付薪水，可以拜訪數十間教堂，為每間教堂捐贈數千美元去做信仰工作。他們還可以幫助建造一些新的教堂。」

要是將每一分錢都累積起來，那麼這筆錢足以請很多人去工作，讓很多輪子轉動。我們這個時代的很多累積的財富，都是由一點點小利潤構成的。但這些小利潤必須要一點點地疊加，否則就不會產生巨大的結果。

05 遠離債務，遠離危險

年輕人的生存之道，在於他是否按照自己的收入來控制支出。

那些有錯不改的人，就像拿著一把斧頭，不斷地將自己這棵價值之樹砍掉。

—— 東方詩歌

所有的財富都是建立在節省的基礎上。

—— J. G. 霍蘭德

從某種意義上說，每個人的大部分時間都必須要得到消耗，因為需要排出個人身上的一些「廢物」。讓人驚訝的是，為了創造某些東西而利用或是犧牲一些東西的原則是如此廣泛。我們一生有三分之一的時間都用於睡覺。等於在我們充滿活力的兩個小時裡，就必須要犧牲一個小時去為這兩個小時做準備。

—— 亨利·沃德·比徹

「議長先生，」來自羅阿諾克的約翰，突然打破會場的寧靜。當時，他在美國眾議院參加會議，只見他從自己的位置上站了起來，「議長先生，我發現了。」會場一片沉靜，接著，他突然大聲說：「我發現了哲學家的智慧，那就是：『當場付清』。」

「但假如我沒錢付清呢？」一位年輕人在叔叔跟他講了這個故事後，突然這樣反問道。

「那你就走不了啊！」叔叔回答說。

在拿破崙大聲地走去澡堂的路上，聽到一個人在哼著小調，原來這是他的一位祕書。這位祕書已經在拿破崙身邊工作了一段時間。「你看，這就是例子。我們應該對自身的工作感到滿意。你的薪水是多少啊？」

「陛下，年薪一千兩百法郎。」那位祕書回答說。

「咦，不錯呀！」拿破崙說，「按你現在的年紀，這樣的收入已經很不錯了。我想，你應該有自己的房子了吧！」

「是的，陛下，我有了。」

「難怪你有這麼好的興致唱歌了。你肯定是一個非常快樂的人。」

「是的，陛下，我本應該是一個很快樂的人，但並不感到快樂。」

「為什麼呢？」

「因為很多『英國人』在折磨著我。我有一位年老的父親，雙目失明了，家裡還有一位妹妹沒有出嫁，所有人都靠我一個人養活。」

「但是，先生，」拿破崙說，「養活父親與你的妹妹，這是每個好兒子都必須要做的事情啊！那這又與『英國人』有什麼關係呢？」

「那些人，」祕書回答說，「他們借我一些錢，我沒有能力還。所有欠債的法國人都將他們的債主統稱為『英國人』。」

這才是年輕的祕書這麼勤奮工作的原因。他度過了一個個不眠之夜，想著該如何償還自己的債務，早上醒來卻發現思緒混亂。為了擺脫這樣的情緒，他只有靠唱歌來獲得一時

的解脫。

「夠了，夠了！」拿破崙說，「我明白了，你欠債了。你的薪水這麼高，怎麼可能欠債呢？我不希望自己手下的人欠別人的債。從這一刻起，你被解僱了。再見，先生。」說完這些，他丟下了那位感到絕望的祕書。但沒過多久，一位助手就走過來，遞給他一張紙，對他說：「這是陛下給你的。」

這張紙上寫著：「我說過要解僱你，因為你活該。但我想到了你年邁又失明的父親，還有你尚未出嫁的妹妹，所以我原諒你。還有，因為你的家人才是你不當的行為最大的受害者，我會一次性地給予你一筆兩千法郎的錢。這筆錢可以讓你償還債主的債務，讓你從此以後不會再任他們宰割。要是你做不到的話，那你以後再也不用回來了。」

如果你想考驗一個年輕人，看他是具有國王還是臣民的特質。給他一千美元，看他如何使用這筆錢。如果他天生具有統治者的氣質，他會將這筆錢存好，隨時為機會做好準備。如果他一輩子只能受僱於人的話，他會立即將這筆錢花掉，滿足自己的各種欲望。

管理金錢的第一個藝術，就是內心的所有的想法都要達成一致，這句話只有三個字，就是：「怕欠債」。

「要珍視自己的金錢，永遠要對債務保持著一種恐懼的心理。個人的自由才是個人尊嚴與快樂的最大保障。債務對

人來說，就好比毒蛇對小鳥一樣致命。它的雙眼讓人著迷，但氣息是有毒的，它的纏繞會折斷你的肌肉與骨頭，而它的毒牙會將你送進墳墓。如果你對我的比喻不以為然，如果你無視這樣的真理，那你也沒必要花時間去學習管理金錢了。想像一下自己無路可走的時候，再想像一下你可以邁著愉悅的步伐，想像一下前面的道路充滿陽光，而你輕鬆自在。但如果在我寫出這樣的文字時，你的靈魂對我的話語有所共鳴——如果你說『我同意你說的話，你說的關於管理金錢的第一條法則是對的。我認為自由是必需的，個人的誠心也是必需的——』那麼，你只需要走自己的路，無論你走過多少彎路，你肯定能夠前進的。你會看見榮耀的殿堂，而在這座殿堂背後，就是財富的殿堂。你可以穿過一個殿堂，到達另一個殿堂。」

「三年前，你非常崇拜的某些受人尊敬的人取得了成功。這些人現在又到哪裡去了？在被告席上，在監獄裡，在廢船裡。什麼！那位富得流油的銀行家，那位吃飯時所用的碟子足以讓王子羨慕的富人？——或是那位每天都駕駛者豪車上班的人？他是什麼下場，也在監獄！他犯了什麼法呢？詐騙。是什麼魔鬼讓這些原本受人尊敬的人，做出如此恥辱的犯罪行為呢？我不知道這個魔鬼叫什麼名字，但造成他們犯法與落魄的原因，你可以去問他們。你會得到什麼答案呢？

『我欠債了，我沒錢還債，只能去詐騙，最後被審判，被關進監獄裡了。』」

「遠離債務很容易嗎？不，我年輕的朋友們，這是很難做到的。你很有錢嗎？那位和藹的商人會說：『你隨便借點錢就行了。』你的租期或是父親的借款，在三個月內不會到期的。你口袋裡的錢無法讓你滿足自身的一些不良的嗜好或是奢侈的享受，在你看來，這些都是必需的。你必須要享受你沒錢支付的東西。沒人知道這位充滿魅力的商人過得怎樣，不知道他的人品怎樣，他像一個可藹可親的生物，內心卻狡猾得像一隻狐狸，在天鵝絨般的皮毛下隱藏著利爪。他的行為舉止讓人愉悅，他的事業就是 —— 放高利貸。你需要這筆錢，還款期是三個月。為什麼要說三個月呢？你在借款單上簽的名字會讓你犯錯，但你卻想著下一個小時的娛樂。當然，簽個名字是件很容易的事。但千萬不要這樣做啊！現在，你欠債了，那個魔鬼已經將你鎖定了！

此時，你面臨著下一個危險。你雖然不會自己招惹債務，但你有一個朋友，你們非常熟悉，也經常見面，他對你說：『做我的擔保人吧，把你的名字簽上去吧！』

要是你的朋友沒能力還這筆錢，那你能夠償還嗎？如果你不能償還，或是你欠別人的錢，比皮迪亞斯的這筆更為重要 —— 欠你的父母、你那生活艱苦的妻子或是未婚妻，或是

你那未出生的孩子，他們都需要你的這筆錢 —— 不要為朋友做這樣的擔保，要是遭受什麼損失的話，不僅是你自己，還會連累很多人。只要你有常識、有責任，就不會為朋友做擔保。萬一你到時候沒錢還呢？

『我的名字！』你語氣含糊地說，『我不過是擔保人，去找借款的人吧。』

『他已經跑路了。』

『還錢，不然我們就不客氣了。』

原諒我的囉唆，一般認真的人都是這麼多話的。我一直過著光明正大的生活。哎，我原本美好的未來，不會要在監獄中度過吧！

即便你的才華之花盛開得多麼絢爛，在沒有結果之前凋落了，是多麼可惜啊！不知有多少美德最後墮落成最卑賤的東西。直到旁人驚訝地大聲疾呼：『你有一個如此美好的開端，怎麼會落得這樣的下場呢？』問題之所以無法解決，原因就在於你把自己的名字，簽在了一張原本是朋友答應在三個月後要還的借據上。

若想解決這幾個重要的問題，第一點，不要有機會就向別人借錢，無論你們相隔是否遙遠，你可能會無力償還；第二點，不要在你根本沒錢的時候借錢給別人；第三點，不要

為別人作擔保，要是別人無力還錢，你該怎麼辦呢？── 當你剛開始踏上人生旅途的時候，其實就擁有了一定的優勢，無論這種優勢是大是小，這些都是屬於你自己的。無論你一開始是富是窮，你都是自由身，你要下定決心保持自己的自由，讓自己身處在一個高尚的環境裡。」

那些大手筆花錢的人，一般都是借錢的人。他去向別人借錢後，到頭來還是自己過著悲慘的生活。債務是一個人所背負的最為糟糕的東西了。

「不要讓任何人成為你的債主，」一位著名的顧問說，「除此之外，我無法給你更好的生活名言了 ── 無論你是身為兒子面對父母，員工面對老闆，丈夫面對妻子，父親面對小孩，欠債人面對借款人 ── 都一定要下定決心，不能讓任何人成為你的債主。節省是一顆種子，你必須要提前播種，你才能在接下來的日子豐收。經濟的獨立對人們生活的美德與快樂，具有極為重要的意義。無論付出多麼大的代價，都要避免陷入債務的痛苦之中。想想自己作為一個男人應有的責任，是男人，就要承擔男人的責任。一定要有『不讓任何人做我的債主』的決心。有人說，如果能做到這點的話，那你就很好了。財富自然會向你靠攏，你會成為生活的幸運兒。只有那些穿鞋的人，才知道腳部哪裡不舒服。一直到最後。當你拿自己的生活與別人比較的時候，最好記住一點。無論

在誰的人生裡，即便是那些看起來非常風光與美好的人，都會有一個『墳墓』，埋葬著死去的希望與沒有完成的夢想。」

「遠離債務，就像你遠離魔鬼一樣。」比徹就是這樣告誡自己的兒子的。下定決心，絕對不能因為個人的開銷，而讓自己的名字出現在別人手中的借據上。很多人貪圖便宜，買了很多條領帶或是很多貴重的東西，其實這樣的做法非常不好。因為每個商人都不可能讓自己虧本的，他們肯定是要自己賺一筆的。

一年的收入若是二十英鎊，而一年的支出是十九點六英鎊，這意味著快樂。若是一年的收入是二十英鎊，支出是二十點六英鎊，這意味著悲慘。

「一個負債的人，就不再是自己的主人了，」斯邁爾斯說，「他必須要受制於那些債主，他成為了律師的標靶，成為了債主的笑柄，更是鄰居嘲笑的對象。他在自己的家裡成為了奴隸。他的道德品格不斷跌落，最後被踐踏，甚至連他的家人對他都加以鄙視。」

那些剛踏入社會的年輕人，一定要避免陷入債務，沒有比債務更能讓一個人更迅速地深陷進去的了。我們發現很多『年輕人』已經深陷於債務之中。這樣的年輕人對他的朋友說：『看看吧，別人借錢給我買了這套新衣服！』他似乎覺得這件衣服是別人送給他的。事實上，很多人就是這樣想的。

但如果他成功地還了錢，又可能繼續向別人借錢，一旦他養成這樣的習慣，也會讓他一輩子過得很悲慘。

債務讓人失去自尊，有時候甚至連他自己都會鄙視自己。在別人催債的時候，他會埋怨自己吃過的食物或是穿過的衣服，不得不拼命地工作，因為他根本沒有錢。這樣的狀態可以說是「為了一匹死馬而工作」。我不是在說那些商人利用彼此的信用進行買賣的行為，或是那些借債只是為了日後賺取利潤的做法。我的一位農民朋友，他對兒子說：「約翰，千萬不要向人借錢。但如果你真的需要的話，用這些錢買肥料，因為這會讓你還清債務的。」

從某種意義來看，金錢就像火 —— 它是非常好的僕人，也是非常可怕的主人。當你讓金錢控制著你，當利息在不斷地往上升時，那麼你將處於一種最可悲的奴役之中。但是，讓金錢為你工作吧！那麼你將擁有全世界最忠誠的僕人。只要你合理地使用金錢，任何僕人或是其他東西，無論是否具有生命的，都能忠實地為你服務。無論白天還是黑夜，晴天還是雨天，金錢都照樣為你工作。

若想做到最好，你必須要掌控著自己。如果你深陷債務，那麼你的一部分就屬於你的債主。沒有比債務這種東西更能挫傷年輕人的銳氣了。

「飢餓、衣衫襤褸、寒冷、艱苦的工作、猜疑、不公的批評，這些都是人所不願意面對的，」霍勒斯·格里利說，「但債務無疑是其中最惡劣的一種。如果我一週只有 50 美分過日子的話，我會用這些錢買一大袋的玉米，然後烤乾，而不願意欠任何人 1 美元。」

「債務這個『父親』會有多麼醜陋的『後代』啊！」道格拉斯·威廉·傑羅爾德說。「這會讓人變得多麼卑鄙，多麼傷害我們的自尊，它讓我們表面做一套，暗地裡做一套。在我們風華正茂的時候，就在稚嫩的臉龐刻上深深的痕跡，它就像是一把尖刀，插進誠實之人的心臟。而且，債務還會讓人發生變化 —— 它會讓一個原先面容善良的人戴著面具；讓原本真誠的人，變成可惡的騙子！」

遠離債務，即便沖冷水洗澡，你也能感覺到內心的溫暖；即便你吃麵包屑，也覺得可口；即便只能煎一顆雞蛋，你也覺得美味。可以肯定一點，那些因為到外面喝酒而欠債的人，即便他每天吃著山珍海味，也不會覺得可口。至於服裝方面，要是你用自己的錢買下衣服，即便是布衣，穿在身上也覺得暖和。即便是綾羅綢緞，如果是你借別人的錢買的，也不會讓你覺得開心，因為此時你心裡明白，債主在惦記著你呢！

下次，想像一下作為一個自由地人，感受一下家庭的溫暖，享受野外活動的樂趣。每天門鈴的響聲不會讓你感到擔

心。若是欠債，即使你住在三樓，但樓梯上別人走過發出的聲音，還是會讓你身體顫抖一下。要是你是自由的，一聽到門鈴響了，你就會說：「請進來！」你的心跳也會完全處於正常的狀態。你會希望看見別人，喜歡觀察別人的一舉一動。

貧窮是一杯讓人痛苦的酒，喝下去有時候會對我們有所幫助。雖然喝下這杯『酒』的人可能會臉色蒼白，但畢竟這是苦口良藥啊！但是，無論看上去多麼友善的債務，那杯酒都是一杯毒酒，雖然聞起來很香，卻會置你於死地。

朋友們，在你貧窮的時候，去看看流動的泉水下面的青草，去看看上個星期的水位現在到哪裡了，想想即便你只有一件衣服穿，而且只能住在一間空蕩蕩的閣樓裡，但你沒有欠債啊！這裡就是最好的落腳處了。記住，無論如何，遠離債務。那麼你的心就能安寧，債主就會感到挫敗。

當代的政治經濟學不斷在鼓吹一點，借貸買房子或是創業是一件好事，可以鍛鍊我們的品格。如果一個年輕人在踏入社會的時候，腦海裡有這樣一種觀點，認為債務就是一種束縛與恥辱，而貸款更是比瘧疾更可怕，欠別人你不能還的錢——除非是遇到了極不幸的情況——不然這根本與盜竊沒什麼區別。那麼，他至少能夠獲得一定程度的成功，並且在老年時免於成為朋友與國家的負擔。

「不要欠任何人錢。」聖・保羅也曾這樣說。

06 若想富足，必須要「全力投入」

若想賺錢，你需要一個清醒的頭腦，一個人必須要明白二加二等於四，在行動之前必須要深思熟慮，仔細地審視每個細節，對比收支的狀況。如果一個人缺乏計畫，沒有運用理智去執行計畫，無論他多麼聰明，都無法獲得商界上的成功。如果他的大腦處於一片混沌的狀態，他的判斷力被酒精所麻醉，他是不可能獲得成功的。不知道有多少的良機，在你與朋友「觥籌交錯」間浪費了，一去不返。不知道有多少人在酒精的作用下，做出了愚蠢的交易，自己被人賣了，還幫別人數錢。不知道有多少重要的事情被酒精延遲到明天，結果永遠地延遲了。因為酒精讓人處於一種麻木的狀態，將對取得成功來說最為重要的能量都抵消了！

老實說，酒精就是用來嘲笑人的。養成了酗酒的習慣，就好比是人吸毒上癮了一樣。這是一種無法遏制的邪惡，在哲學、宗教或是常識面前，都根本無法辯護。酒精幾乎是家所有邪惡的發源地。

紐奧良的一位畫家，在他的同事在工作期間外出喝酒的時候，就將自己喝酒的錢儲存起來。他堅持了五年這個計畫。當他回過頭查看自己的銀行帳戶，發現自己已經存了521 美元。在過去五年裡，他從來沒有因為生病而請假。而

那些時常到外面喝酒的人中，有三個已經成為了酒鬼。那位之前以水代酒的畫家則成立了自己的畫室，拓展了生意。在他存到那筆錢的二十年後，他已經有了 10 萬美元的存款。

「這看上去可能很奇怪，」一些公共衛生專家說，「但這就是事實。要是酒精進入了原先節省的農民的肚子裡，就像他的農場柵欄被移除，羊群就會踐踏他的農作物，糟蹋果樹，後來他不得不抵押農場，最後整片農場上只有野草了。酒精會讓他的家失去光彩，打碎他家的玻璃，最後他變得家徒四壁。酒精會讓他的衣服失去光澤，讓他原先得當的舉止變得不雅，酒精會扭曲他的理智，喚醒他的衝動，給他的家庭帶來悲傷與恥辱，最後像一個酒鬼那樣走進墳墓。酒精會讓工匠與資本家、婦女與少女，還有農民受害。因為酒精就是人類最大的敵人，不放過任何沾上他的人。」

當你沉迷於放縱的時候，你就不會意識到金錢所具有的意義，這會讓你的財富像野草一樣，被大火燒個精光，讓你所有的能量與動力都被消耗殆盡。有一位揮霍的人，浪費掉了他祖父遺留給他的 16 萬美元，他叔叔留給他的 43.5 萬美元的財富，還有他母親留給他的 30 萬美元的財富。即便如此，他還跟自己的一個兄弟與姐姐借了很多錢，又從自己的妻子那裡又借了很多錢，最後還欠下 2.9 萬美元與價值 4.6 萬美元的借款。他是在三年之內完成這一「壯舉」的。

07 一天 5 美元，讓他擁有了一座圖書館

「你怎麼有錢買這麼多書的呢？」傑克的一位年輕朋友，在看到他的房間裡有超過一百多本的書時，驚訝地問道。

「哦，這個小圖書館是我每天一支雪茄的錢。」他回答說。

「怎麼說呢？」

「我的意思是，當你以前勸告我說要像一個男人那樣去戰鬥，叫我學著抽菸的時候，我看到一位年輕人，用別人花在抽雪茄上的錢來買書，於是，我就學著做了。你肯定還記得，我說過每天要抽一支雪茄的話吧！」

「是的，我記得。」

「嗯，事實上，我並沒有抽。但是我每天將一支價值 5 美元的雪茄的錢存起來，隨著這筆錢慢慢累積，我拿錢去買書 —— 就是你今天所看到的小圖書館了。」

「你是說買這些書所花的錢，就是每天不抽雪茄所存下來的錢嗎？不會吧！這些書少說也要幾千美元吧？」

「是的，我知道這需要不少錢。在你勸告我要學著如何成為一個男人的時候，我當了六年的學徒。我每天將錢都積攢起來，金額就是每天 5 美元。這樣六年下來就是一萬多美

元了。我是用自己在當學徒這六年的時間不抽雪茄的錢買了這些書。如果你以前也像我這樣的話，你肯定會比我省得更多，而且還可以在商業上做一些投資呢！」

「維持一個壞習慣，就等於多養了兩個孩子！」這句話多麼有道理啊！

「但是，」一位喜歡抽菸的人說，「我是直到二十歲才抽菸的，每週我抽雪茄不超過八根，每根的價格也不超過 5 美元。」

「這看上去是一筆很小的金額，」他的朋友說，「但如果你每週將 40 美元儲存起來，每半年就拿出 7% 做投資。在你六十歲的時候，你將會得到多麼豐厚的回報呢？」

這位抽菸者算術能力很強，很快就回答說：「5,376 美元。」

「很好，」朋友說，「現在，你將這些錢放進你的菸管裡，抽掉吧！」

「每天花掉 10 美分，」一位美國作家說，「那麼，一年就花掉了 36.5 美元，這筆錢就是 6,000 美元存款一年的利息啊！所以那些每天節省 10 美分的人，其實與那些感覺自己好像擁有價值 6,000 美元財產的人一樣富有。」

抽菸耗費金錢或是損害健康也就算了，更重要的是，讓

我們失去自由與獨立。很多抽雪茄的年輕人，都不能理直氣壯地說自己的靈魂就是自己的。一位老菸槍說他最近經常要走路到一個鎮上，只為了節省下車費去買一包菸。

08　成功的商人明算帳

不要浪費時間與金錢，但要最大限度地利用兩者。

—— 富蘭克林

養成將個人開銷記錄下來的嚴謹習慣，對我們具有良好的教育意義。

那些對自身的無知毫無所謂的人，離貧窮不遠了。

—— 詹森

她不鋪張，害怕浪費，
明智地管理著收支，以求更加穩健。
任何必需的東西，她都會買。
當別人都注重形象時，她依然如故，
保持著警惕，不斷增加自身的存款，
節省金錢，讓自己可以擁有更多。

—— 約翰‧德萊頓

　　「很多人經常問我成功有什麼祕訣，」托瑪斯·利普頓說，「無論在人生什麼階段，都要保持節省的習慣，要重視節省金錢這件事。年輕人可能有很多朋友，但他絕對不會發現有哪位朋友，比一本小帳本更加穩健與持續地關注他的狀況，讓他不斷地向前。節省是所有人取得成功的第一個原則。金錢讓我們保持獨立，讓一個年輕人擁有地位，讓他充滿活力，激發他的潛能。事實上，節省的行為能夠帶給他最大的成功 —— 快樂與滿足感。如果每個男孩從小就被灌輸要節省的觀念，社會上肯定會有更多具有男子氣概的人。」

　　「對數學運算的了解，是那些想要量入為出的人所必須掌握的。」斯邁爾斯說，「女人對數學方面特別不在意，她們更願意去學習語言、音樂、禮儀或是其他有用的東西。這些知識都非常重要，但數學算術的四種運算法則，是這當中最為重要的。要是不懂得加減法，她們又怎能對比支出與收入的差距呢？又怎麼知道在房租、衣服、食物或是各種服務上花了多少錢呢？除非她們懂得每個數目的價值，否則這些都無從談起。要是不懂算術，她們又怎能去計算交易的金額呢？對數學知識的無知，就是造成這種結果的原因，這不僅浪費了我們的時間，更讓我們身處苦難之中。很多原先充裕的家庭之所以陷入貧窮，就是因他們對算帳缺乏了解所致。」

　　華盛頓曾將家裡的每項支出都細緻地列出來，甚至在他當美國總統的時候，都明白要是不節省的話，他是不可能變得富有的，要是做到了節省，誰也不可能窮。

　　拿破崙做到了一個奇蹟，他在發動規模那麼龐大的戰爭時，竟然沒有欠下債務，或是向其他國家借過一分錢，從沒有廢除過一張票據或是延遲支付的。當他從國王的位置上被趕下來的時候，在他皇宮的地下室裡還有很多錢──數百萬現金──都是他們從原本用於公共支出中節省下來的。在他當皇帝的時候，國民誠實的標準被提高了。雖然有人會說，當時英國聯合其他國家對法國施壓，他不得不節省開支，但是他在管理國家的收入與開支方面，顯得那麼有節制力，雖然當時還沒有什麼政治經濟學的概念。但他一生從沒有讓法國欠債，這本身就是一項奇蹟，堪比他在戰場上的輝煌。

　　幾乎每一位戰功卓越的將軍，都是非常會「算帳」的人。格蘭特打算對羅伯特‧李將軍駐紮在荒野的軍隊發動猛攻──即便要持續整個夏天也在所不惜時。很多北方的報紙都將格蘭特稱為「屠夫」，並且要求他撤退。格蘭特從一開始就考慮到了軍糧等問題，覺得自己這場作戰能始終保有充足的糧草。最後，當他的軍隊穿過了詹姆斯河，士兵們發現對面有數千箱的物資在等待著他們，原來格蘭特早就命人將物資轉移過來了。所以，對每個人來說，我們都要成為有「能

量」的將軍，要有領袖的智慧去恰當地調配資源與物資，這樣才能在人生這場戰役上取得勝仗。

英國的工人非常努力地工作，而且很少休假。雖然他們的薪水是同時期的法國人的兩倍，但他們卻很少將錢省下來。數百萬英鎊的金錢，剛進入他們的口袋，又從他們的手中溜走了。在法國，每位家庭主婦都學會了如何勤儉持家。一位到法國旅行的美國女士說：「我感到非常驚訝，我的朋友能把我時常在家扔掉的那些食材，做成非常好的菜餚。她們用冷肉片做成美味精緻的食物，利用發硬的麵包屑精心製作成可口的點心。她們幾乎將所能用到的一切都物盡其用，絲毫不讓人感覺到他們生活的窘迫。」

詹森博士說：「哪裡沒有節省，哪裡就沒有美德。」

把你所需要的東西條列出來，讓你的收入超過你所需要的東西。只要我一年能賺一百英鎊，我就能不需要別人的幫助。我寧願每天『吃著麵包』，也要保持自由。要是每年能賺五千英鎊，我可能就會揮霍放蕩了。我可能會變成一位專制的主人，即便沒有錢，也要請僕人。那些放高利貸的人，可能正在緊盯著天平，霍霍地磨著刀。每個支出超過收入的人必然陷入貧窮，要是他能讓收入大於支出的話，沒人會陷入貧窮。我可能做得很差，雖然我每年的收入有五千英鎊。但我還是深陷貧窮的邪惡之中──終日感到恐懼與恥辱。要是

我能恰當地管理金錢，即便我每年只有一百英鎊的收入，我也能獲得最大的財富 —— 安穩與別人的尊敬。」

09 教育的現金價值

無知是節省最大的敵人。接受過良好教育的人，通常能創造物質、心靈或是精神上的財富。

任何接受過教育的人，心智都會得到鍛鍊。你把他扔到這個世界的任意城市，他都有能力克服當前的環境，處理好人生的事情，讓自己成為對社會有用的人。這就是教育的本意所在，這就是教育存在的目的。

賓夕法尼亞州的教育專員，為我們講解了教育所具有的現金價值。

「一位男孩被殺害了，印第安那州的陪審團，只是給這個受害者家庭 599.99 美元的賠償。我的一位朋友在西維吉尼亞州做教育主管，他說這一賠償是讓人憤怒的。我問他原因。他說：『先不說這位男孩的個性以及這位男孩的死亡，對他父母以及他所在整個家庭所帶來的傷害，就是這個男孩在學校裡所接受的教育具有的商業價值，都不只這些錢。』我問他是如何計算的，他說：『你將這個男孩在學校畢業後的所得

到的薪水，與一位沒有接受過教育的人所得的薪水相減，就能得出這個數目。』然後，他計算給我看，這個方法我在很多學校做演說的時候也使用過。因為我非常希望他的這個觀點能夠上報紙，或讓每個教室或是每塊黑板都寫上這樣的話語，讓學生將這些話語帶回家，與他們的父母進行討論。」

　　如果一位沒有接受過教育的人，每天能賺 50 美元，那麼一年大約工作三百多天，假如他連續工作四十年的話，他就能賺 50 乘以 300 乘以 40 等於 60 萬美元。而一位接受過教育的人，一般不是按天來算工錢的，而是按月或是按年來算的。如果按接受過教育的人的一般收入來算，從美國總統的年薪 40 萬美元，到保險公司的總裁或是鐵路公司的董事長，一直往下看，直到那些接受過教育但收入不高的人，你會發現，一位接受過教育的人，一般的年薪都在 3.5 萬美元左右。要是他工作四十年的話，他就能賺 140 萬美元，要是用 140 萬美元減去 60 萬美元，就會得出 80 萬美元的差價。這個差價就代表了這位男孩在學校所接受的教育具有的價值。你必須承認，那些靠體力工作的人，賺的比腦力工作的人少。現在，如果說 80 萬美元代表著一個男孩在學校接受的教育所具有的價值，那麼他每天在學校裡的價值是多少呢？按麻塞諸塞州的上學日來算，一般的學校是七年制，每年要上學兩百天，然後再接受四年的高等教育，就用十一年，每年

兩百天來算，就是說，每個學生在學校的時間是 2,200 天，只要在黑板上進行簡單的乘除法，就會得出每個學生在學校的每一天價值 360 多美元。

「我們的學校收到了什麼公文了嗎？」一位教育主任說，如果某位父親不讓自己十一歲的兒子上學，而是要他繼續耕田，只是為了每天節省一美元的話，那麼他可能就犯法了。雖然這位父親暫時將這一美元放進了自己的口袋，但他卻剝奪了自己兒子未來每天能至少賺一百美元的能力。難道這不是父親對兒子的一種搶劫嗎？

10 戰爭是一種浪費，訴訟則太昂貴了

無論是個人之間的法律糾紛，或是國家間以戰爭形式出現的對抗，這都是對個人與國家財富最為巨大的損耗。有時候，這些情況是不可避免的。但我們必須要知道這些事情都是非常恐怖的。

富蘭克林說：「你對戰爭持反對的態度，這點我非常認同。從人類謹慎做事的角度來看，這是錯誤的。因為無論一個國家能夠透過戰爭手段，從別的國家獲得什麼好處，如果用現金去購買，這肯定要比發動戰爭更加節省成本！在我看

來，如果政治家都有一點數學頭腦的話，或是精於計算的話，戰爭發生的機率就會少很多。」

「戰役打完了，並不代表戰爭就結束了。」詹姆士‧加菲爾說，「因為戰死的人必須要埋葬，戰爭的費用必須要償還，包括一些保險費用。要是在五十年前，我們國家能將現在所欠的十分之一債務投入到教育，那麼我們就會免於內戰的流血與財富的損失。建造學校要比平定叛亂更加省錢。」

「從歐洲的最北端到地中海，」約翰‧阿伯特說，「要是能將耗在戰爭上的無盡財富用於建築與修復的話，這裡將到處都有充滿陽光的峽谷與美麗的山丘，那麼整個歐洲就成了一個伊甸園了。」

11　平衡的心態才能讓你過上健康與富足的生活

生活中最大的浪費，就是失去平衡的心理，失衡的心理表現為憤怒、焦慮與說出褻瀆的話語。要是我們事後反思的話，這些都是完全沒有必要的。

但在日常生活裡，有哪些例子可以說明我們可以控制住憤怒與焦慮呢？其實有很多的。習慣了說褻瀆話語的人，是不敢在女士面前那麼放肆的。脾氣暴躁的人，是不敢在他們

尊敬的人面前表現出憤怒的。易於激動的人，是不可能在那些讓他們敬畏的人面前表現出這樣的情感的。如果他們能在面臨所有情況時都克制自己，那麼所有的事情都將處在控制範圍內。比如，在我們談論某個話題時，沒什麼能讓我們感到憤怒，因為你羞於表現出受制於某種的情感的懦弱行為。

「一次，當我再次回到愛爾蘭，」羅蘭・希爾說，「我發現船上的男性與船長的行為非常惹人厭惡，他們都喜歡不顧一切地說些不堪入耳的話。一開始是船長咒罵著男乘客，然後男乘客反唇相譏，然後他們就朝著海風不停地叫罵。然後我大聲地提醒他們，要公平競爭。

『不要吵了，不要吵了！先生們，如果可以的話，讓我們公平競爭吧！現在輪到我了。』我說。

『輪到你做什麼？』船長問道。

『輪到我罵人了！』我說。

他們一直在那裡等我罵人，直到他們的耐心都被耗盡了，希望我能快點罵，好再次輪到他們。但是我告訴他們，我有權利選擇什麼時候去罵人，什麼時候方便，我就什麼時候罵人。

船長對此大笑著回答說：『也許，你根本不想要罵人。』

『船長，請原諒我。』我回答說，『一旦我發現吵架有什

麼好處的時候，我肯定會罵的。少說話一般都是讓人愉悅的，也能讓人獲益。』」

樂觀與希望是兩位真正的「經濟學家」。它們的對手就是最揮霍無度的浪費了。前者讓我們保存能量，讓我們在人生中不斷奮鬥。後者則讓我們失去力量，陷入毫無必要的疑惑與沮喪之中。我們很多的能量都喪失在恐懼之中。很多人都說了，要是這些能量不被浪費的話，肯定能讓我們有所成就的。

身體是上帝指派的老師，教會我們要勤奮，逼迫我們要養成節省的習慣，提升我們原本低俗的道德。這其中包含了所有的物質文明。

記憶集合著我們所有的昨天。它的書寫通常都是無形的，就像是書法家用檸檬汁寫字一樣，注意修改每個寫錯的字。將這些字放在火旁邊，就能清晰地看出每個字的形態了。

打造我們品格的思想、情感與決心是多麼重要呀！正是這些才讓我們的品格更加具有價值。任何記帳人都無法在筆記本上記錄下這些東西，但他們卻在我們的品格「銀行」裡放高利貸，讓我們失去一切。

比徹說：「一年能寫出三百六十五卷書，如果你的心靈每

天能有明確的思路、動機與情感的話，當然這也與你的品格與永恆的目標有關，這些都會很自然地表現在你寫的書上。若是那樣的話，我們將會有多麼高產啊！但是，這些時間、這些成就似乎都在不經意間被我們放棄了。一個人若想如何連續地記錄內在的心靈活動，這簡直是不可能的。我們甚至無法跟上外部世界的節奏呢！」

西方人從東方文明那裡學到了非常多珍貴的教訓。我們從日本那裡學到了如何避免憤怒與憂慮！日本這個國家的國民，幾乎都擁有一種平衡的心態，據說甚至連嬰兒在慌張的時候都不會哭。

一位研究哲學的日本朋友對一位崇拜東方文明的冷靜與溫和的脾性的人說：「你首先必須要遠離憤怒與憂慮，日本人能做到，你們西方人也能做到。」

比徹說：「一個人要是恣意任性、不受別人監管、無法克制自身的衝動，缺乏一個明確的目標，就會讓心靈被淹沒，並摧毀心靈的能力，這肯定是個壞事。可能在某些時候，悲傷是難以控制的，人會透過向悲傷屈服的方式來獲得解脫。很多悲傷的情感，不過是一天之中某個時刻泛起來的，最後就讓這些情感自然地淡去，不要再對此深究就好了。所有悲傷的情感，若不是我們無法排解的，都應該稍加控制一下。」

12 思想開明有助於我們成功

相較於光明磊落來說，貪婪要比節省更讓人排斥。

—— 拉羅希福可

靠著匆忙而節省下來的幾分鐘，與你在大手揮霍後節省幾塊錢一樣毫無意義。

—— C. B. 紐康布

做人要節省，不要貪婪，對物質的要求要適可而止，自然會有屬於你的榮耀，也自然會有你的朋友。

—— 喬治・赫伯特

節省並不等同於吝嗇，不是要一味地累積金錢，而是更加明智地管理好金錢，做到帳目分明。

羅斯・金說：「我們已經曲解了英文中『節省』一詞，添加了很多它本身所沒有的含義。「在我們日常中，『節省』一詞不僅不是代表著一味地不花錢，更不是一味地花錢，這意味著我們更好地管理一座房子，更好地控制金錢的開支或是時間的分配，以達到最佳的效果。」

有時候，旅行者花上數個小時，為了尋找一間可以節省幾十美元的旅館，結果最後找到的地方，卻讓他們住得很不舒服。他們花費了數千美元到歐洲旅行了一趟，卻不願意花

十美元買個紀念品，來增添此行的樂趣，日後為自己帶來一些愉快的回憶。他們會買些廉價的照片或是其他的藝術品，幾年後，這些東西都漸漸褪色或是變得毫無用處。他們會光顧最廉價的住宿點，吃著那裡並不可口的食物。事實上，真正的節省，就是要保證自身處於最佳的狀態，從旅途中獲取最大的樂趣與效益。

有些所謂的「節省」是行不通的，有一部分人其實是在大錢上揮霍，而在小錢上卻斤斤計較。

這些人會為了節省幾塊錢而跑遍整個城鎮，希望能買到價廉的東西 —— 他們為了節省車費，選擇步行，他們為了節省幾分錢，卻浪費了價值數美元的時間。

有些人之所以總是在購買鞋子或是衣服，是因為這些東西的價格都比較低，雖然他們知道這些產品的品質，不足以讓他們穿很久。他們的衣著品味始終都無法提升，最終，他們還是需要去購買那些耐穿的、適合自己的衣服。

最好的投資，一般都不是眼前立即能看到的一些優惠的東西。懂得花錢，意味著讓錢給你最大的回報。單純從商業的角度來看，除了內心對優質產品的嚮往之外，關鍵是要物有所值。那些具有魅力的銷售員具有某種魔力，能讓顧客紛紛光顧他。人們很少會計算他是否會去找某位醫生看病，或是選擇支持另一位醫生，但他們總是能在不經意間吸引人

們或是某些機構去光顧他們。大度的個性具有某些宏大與微妙的吸引力，激勵著我們不斷去努力，讓我們擁有一種勝利者的個性。

「如果我失業了，口袋裡只有十美元的話（如果我連十美元的都沒有的話，我肯定會去賺到十美元），」一位從辦公室職員晉升到公司總經理的人說，「我會在一個小時內將這十美元花掉，我會用這十美元去刮鬍子、洗個澡、擦亮皮鞋。如果還有剩錢的話，我會吃一頓最好的飯，即便我可能要為下頓飯而去搬運東西，但我絕對不會失去一個讓我可以坐在更好位置上的機會。」這才是節省。花錢看一場精彩的戲劇或是聽一場演說，這才是節省。買一些具有價值的書籍，這樣的花錢才是節省。節省能激發我們強烈的動力與高尚的動機。正是平日的節省，讓我們培養了對音樂與藝術的興趣。為家裡買一架鋼琴，這是節省的表現，鋼琴能夠創造出平和與和諧的氣氛，這是無價的。偶爾去外面旅行一個星期，走出自己平常所處的環境，看看這個世界發生了什麼變化，這才是節省。

最近，一位女士這樣說道：「我真的無法做到過分節省。我的一位好鄰居相信一個道理，那就是每節省一分錢，就相當於賺到一分錢。她似乎對我平日的做法很不贊同，因為我沒有自己做衣服穿，也沒有自己做蛋糕吃。她凡事都是自己

親力親為，盡量節省金錢，她讓我感覺自己好浪費啊！去年，我嘗試著學習她那樣子。身為妻子與母親，為了節省五十美元，結果讓家人都感到很不愉快。那位鄰居除了自己動手做衣服或是做蛋糕的方法可以參考之外，其他的方面，我真的做不到。」

這讓我想起了最近報紙經常報導的烹飪食譜。我在昨天又讀到了。其中一道食譜是介紹如何更好地利用涼羊肉，但這需要炒蛋、鮮湯、伍斯特醬，還有其他配料，若想做好這道菜，要花費很多時間與金錢。一般的家庭主婦要是按照食譜上去做，肯定是省不了多少錢的。很多所謂的『節省』方法，對窮人來說都實在是太花錢了。

只要到美國很多家庭的閣樓、衣櫃、辦公室、櫥櫃、箱子或是地下室裡看看，就會發現一個非常奇怪的現象，那就是我們養成了存儲許多沒有價值的東西的習慣。對這些人來說，要是扔掉這些東西，實在是太可惜了，雖然他們因此要耗費比這些東西貴兩倍的時間去節省這些東西。這並不是明智的「節省」，因為你無法得到回報。我的意思絕對不是鼓勵我們要揮霍或是去浪費什麼，但如果我們從另一個角度去看看，就會發現，這些人都是在做同一件事，那就是節省一些「徒有其表」的東西，而且毫無目的性，這肯定不是最高級的節省方式。在適當的時候學會放手，也要學會抓住。記住，

在這個時代，只有真正會花錢，才能讓錢的價值得到最大的發揮，那些習慣了揮霍或是吝嗇的人，是不可能成就大事的。一定要記住到底什麼才是節省的真正含義。

養成只是因為一些產品價格比較便宜，就去買自己根本不需要的東西的習慣，會助長我們的揮霍。也許，人們覺得節省與吝嗇是一對雙胞胎，並深以為然，但事實上，這兩者根本毫無關係。節省是指將沒有好理由而需要花費的金錢積攢下來，留待以後用；吝嗇則是在需要花費的時候卻不願意出錢，在沒有充足理由去節省金錢的情況下依然節省。很多人肆無忌憚地花費著金錢，卻不願花錢去償還債務。這樣的人總是讓自己身處「險境」，要是他生病了，或是失業了呢？那他肯定就成為別人的負擔了。這樣做沒有半點好處，放棄眼前的奢侈或是放縱，也不是一件吝嗇的事，這只是為了未來的獨立與自尊著想而已。

在奢侈與吝嗇之間，找個平衡點來生活吧！不要為了省錢，而讓你的心靈處於飢餓的狀態。「節省的祕訣與本質，在於獲得更高的價值。花錢要花得讓自己有所進步」──也就是說，讓你的能力得到提升。要為豐富心靈而花錢，而不是為了欲望，要著重於文化方面的修養，而不是感官的愉悅。一些年輕人在購買日用品時非常吝嗇，其實他們這樣做是非常無知與目光狹隘的。應該花的錢不花，最後還是會走入貧窮。不要

為了一味累積金錢而犧牲你的生活品質與家庭的舒適。

　　曾有一位妻子非常想照相，想照相的部分原因，可能是因為她內心完全正常的虛榮心吧！更大的原因是她希望自己的子女，以後記得母親年輕時的容顏 —— 因為她那時候非常年輕與美麗。但她那個吝嗇的丈夫，卻總是無法滿足她的這個要求，最後日復一日的生活，最終讓她容顏老去，她看上去也不再那麼漂亮了。她為了這件事而埋怨自己的丈夫，因此時常小題大做，最後導致兩人的失和，摧毀了這個家庭。一切都是因為丈夫的「節省」。

　　「這是一個多麼可怕的悖論啊！」

　　「你覺得一位擁有豐富經驗的工程師，會因為節省潤滑油而讓引擎出現故障嗎？」

　　我曾認識一位非常有錢的百萬富翁，他從圖書館出來後到外面吃晚餐，總要搭乘專機找一間好又實惠一點的餐廳。但他卻不願意彎腰撿一枚硬幣，因為他說彎腰這個動作讓他感到暈眩，他不會因為金錢而讓自己的身體出現任何毛病。我還認識另一位富人，他曾以幽默的方式埋怨油價那麼貴。他的家中裝飾豪華，對於油價，他總是這樣的回答：「與眼睛的視力相比，油價算什麼？」此人是一位接受過全面訓練的經濟學家，也是過去非常出名的人物。這兩人都深諳『節省』一詞傳統意義上的內涵。

　　一些人對於「節省」這個概念，有著最為荒謬的論點。有一個人曾在我面前這樣定義節省，稱之為「揮霍與奢侈之間的有趣媒介」。還有比這更加荒謬的嗎？節省，或是真正意義上節省的含義，與此完全不同。兩者在邏輯方面根本完全不搭，根本無法產生關聯性。

　　正如我之前所說的，真正的節省意味著最大化地利用金錢，在做壞事的時候，是沒有節省可言的。很多人為了滿足私欲而揮霍金錢，不願意花錢去購買有用的書。事實上，這與他們花費多少無關，也與他們是否貧窮無關。關鍵是若是他們連心靈都貧瘠了，那就是真正的貧窮了。

　　寧願多花一點錢坐個好位置，因為坐在更好的位置上，你就不會被旁邊那些人打擾，也不會影響你愉悅的心情，這才是真正的節省。在去觀看新的戲劇時，最好先閱讀一下關於報紙上對該劇的評論。這樣可以省下很多錢的。一齣戲劇當然有它好的理由，但可能是你所不感興趣的。買一份報紙只花你一兩分錢，而一張票價則花費你 15 美元。決定去不去觀看，為你節省的金錢是非常明顯的。我們可以花費很少的錢，就能享受一齣戲劇帶來的好處，而且不會讓我們浪費價值數千美元的時間與金錢。另一方面，去看一些沒有營養的戲劇，這是最大的浪費，你不僅失去了金錢，更失去了時間，更別說這對你耐心與精力的消耗了。我聽過一些人談到

節省帶來的滿足感，或是控制一些不正常的欲望，如果這不至於讓你太憂鬱的話，那麼這還是很有趣的。我的意思是，如果一個人最多能花 20 美元喝一杯威士忌，相對來說，花同樣的錢喝二十杯酒就顯得更加節省了。這麼簡單的道理不需要過多解釋。

還有一樣東西是我們必須要記住的，就是金錢代表著我們可以支配的人力。如果一個人有 100 萬美元，就相當於他能夠在一天的時間裡，讓兩萬人為他工作，在一些國家裡，這個數目可能更大。一個人節省的每 50 美元，都代表著他能讓別人為他工作一天，或是讓他可以享受休息一天的特權。你僱用一個人幫你修理花園，你不需要讓他工作太久，他只需要完成你安排的任務就可以了，這樣你就沒必要讓他為你工作一整天，也可以省一點錢，然後你可以去花掉你節省下來的這點錢。那麼，你就算是消耗掉了這筆錢所代表的人力。沒有人能完全依靠自己的。要是沒人幫助，誰也無法在人生這場戰役裡獨善其身。現在，金錢是人唯一可以控制的，因為它代表著工作力。你口袋裡的錢，就代表著你可以將你的願望變成現實。

我們一定要對生活中的很多商品進行估價，這樣可以避免我們被別人欺騙。我是不會為價值只有 5 美元的東西支付 10 美元的。

一心只想著省錢，無視在省錢過程中的花費，這也是不合邏輯且不現實的節省方法。給一位有能力的人很低的薪水，這不是真正的節省。很多人都是小錢節省，大錢浪費，就像希望擰緊水龍頭，只讓水一滴一滴地流出來，卻沒想過塞子裡還殘留著更多的水一樣。

在寫信的時候，一定要節省筆、墨與紙張，特別是用詞要簡約。如果你能在商業工作中，用文字清楚地表達自己的觀點，能用一個段落的話語去表達意思，你將贏得那些上司的賞識與厚愛。他們會感激你的付出。

在我們的生活旅途中，當一個人進入某個領域，最後到達頂峰時，他就會想著進入全新的領域挑戰自己。這些人都是具有智慧、生活節省的人，關鍵的是，他們專注於自身的目標。

有人說，節省具有一種神奇的力量，能夠讓麵包不斷變多，能變廢為寶，能以小累多，將分散的東西變成一個整體，讓我們可以白手起家，創造奇蹟。節省並不代表單純的節省金錢，這不是吝嗇。節省代表著一種遠見與事物的安排，代表著一種洞察力與組合能力，讓懶惰的東西動起來，讓之前看似無用的東西為我們所用，讓即將衰退的東西回復活力，讓所有東西都為我們人類的舒適服務。

安德魯·卡內基說：「讓人驚訝的是，人們生活所需要的必需品是如此地少。買一間小房子或是儲蓄幾千美元——或是幾百美元——這都會對你產生影響。這些都沒有那些人想像中那麼難，其實，那些習慣了節省的人是很容易做到的。」

要獲取巨大的財富，就又是另外一件事了，但也不是我們目前所能想的。成為百萬富翁，不是我們節省的目的，每個人的責任也不是都成為百萬富翁。把成為百萬富翁當成我們的目標，這絕對不是對自身美德的尊敬。不過，我們有義務去儲蓄足夠的錢，為那些依賴我們生活的人，提供一個舒適的環境。囤積數百萬美元的做法，那叫貪婪，不是節省。

當然，在我們當前的工作狀況下，的確有很少，或者說是極少數人，獲取的財富遠遠超過他們所需要的。這些人身家數百萬，但他們依然繼續累積著金錢，因為他們想囤積更多的金錢。我已經說過了，這種情況根本不是節省，也無法讓我們具有競爭力。通常來說，這些人之所以能夠有數百萬的財富，是因為他們的上進心、良好的判斷力，以及他們超乎常人的組織能力。他們的財富不是一般意義上的節省能獲得的。那些到了老年還想要囤積財富的人，通常都是在年輕的時候，就已經養成了這個習慣。一開始，他們賺到了一些錢，就開始節省了，到了後來，他們已經無法控制自己了，

是金錢控制了他們，因為這種習慣的力量是那麼強大，可能讓他們行善，也可能作惡。

囤積金錢這種行為，是對人類節省本能的一種濫用。正是因為過分囤積金錢，造就了這些人成為金錢的奴隸。誰也不要害怕成為這種習慣的受害者，若是他心中記住，要將多餘的財富視為一份神聖的信任，最後必將造福社會。

如果一個人下定決心，忠誠地堅持原則，不去囤積金錢，而是用每年剩餘的金錢去做一些善事，那麼這種賺錢的習慣，依然可以視為一種美德。人必須要成為金錢的主人，而不是成為其奴隸。他應該永遠讓金錢成為自己有用的僕人，絕對不能讓金錢控制你，讓你過著悲慘的生活。

彭斯曾說過一個真理，他說：節省之所以如此寶貴，是因為它會讓人變得獨立。因為他自己終生就是一個窮人，若想獨立自主，不靠別人，就是他人生奮鬥的目標。但是，擁有大筆財富肯定讓人更加開心，因為這讓我們可以服務別人。

「假如他有些能力，並且擁有良好的常識，那麼他自然會做一個誠實、節儉的人。年輕人沒有理由不去賺錢與獲得成功啊！」菲力浦・阿莫爾說，在別人問他成功的祕訣是什麼時，他回答說：「我想節省與精打細算是我成功的主要祕訣。這些都得益於我母親的教育，以及蘇格蘭祖先的優良傳統，

我們一直都崇尚節省與精打細算的。」

節省對於我們在這世界上獲得幸福與快樂是極為重要的。在我看來，無法養成節省這種習慣是難以理解的。節省是一件非常簡單容易的事情，這對我們的人生意義重大，這是商業成功的基礎，也是家庭常樂的泉源，更是我們在社會上地位有所保障的基礎。節省的習慣帶動著我們必須勤奮。我從未聽說一個節省的人是懶惰的。節省會讓我們獨立與自信，讓那些養成這個習慣的人，成為真正優秀的人。

我覺得，在年輕人所接受的教育中，最大的一個錯誤，就是沒有教會他們養成節省的習慣。我們應該從小就教會他們懂得節省的價值。我覺得，教會孩子儲蓄與算術方面的知識，有助於他們日後取得成功。畢竟，這也是每位母親對他們的孩子的期望，也是每個國家對公民的一種期待。

現在的事實卻是，一般的學生在學校裡所學到的有關節省的價值，都是在枯燥的書本或是文章裡。這些內容缺乏生氣，根本無法激發學生的興趣。對於學生或是年輕人來說，懂得如何在這個世界上取得成功，將比知道走哪條路可以到開普敦，或是一些高級的科學原理更為重要。

這是一個非常現實的世界，那些走得最遠的人，絕對不會因為金錢的問題而受限。那種認為有錢就一定能帶來快樂，或是認為累積財富就是成功的關鍵的觀點，都是荒謬

的。一般來說，那些收入中等的人，是比那些極為富有的人更為快樂的，因為前者知道應該在哪個領域裡做好自己的本分，就像許多富人累積財富那樣。但那些手頭總是拮据的人，在任何情況下都不可能感到快樂，無論這個世界對他們說了些什麼蠢話。要是一個人身負債務，那麼他在這個世界上，是不可能有一個安全的容身之地的。讓人絕望的貧窮，將對家庭產生極大的破壞性，但這種破壞也是極容易避免的。那些在踏上社會之時，就秉持著正確觀念的人，是絕對不會陷入這般絕境的，無論他的收入多麼有限，或是他多麼的缺少機會。

讓他為自己立下一條規定，就是花的錢一定要少於自己賺的錢，這樣的話他才是安全的。如果一個人不按照自己的原則去生活，無論他一開始取得多麼炫目的成功，他很快就會感到悲傷，更不可能感到真正的快樂。他一定要養成節省的習慣，才能取得成功。那些年過三十依然跟二十歲差不多的人，肯定會覺得自己很悲慘。其實，這是一個非常簡單的過程。對那些善於觀察的人來說，這不是一個藉口。讓那個男孩或是男人節省點吧，積攢一些錢吧！到最後他就有能力去避免日常生活出現的焦慮。當然，人生總會出現一些意外，但即便如此，要是一個年輕人從一開始就養成了節省的習慣，這也是可以抵禦的。在見到很多人因為不懂得節省而

造成痛苦時，我經常會想，對一個心智正常的人來說，怎麼會發生這樣的事情呢？給自己立下一個規定，至少要將薪水的 25% 積攢起來。如果可以的話，也可以積攢薪水的 75%，但絕對不要少於 25%。」

　　那些真正地想要獨立的人，只要專注於這個目標，然後運用恰當的方式，正如他們在其他事情上取得成功一樣，其實這是非常容易做到的。雖然很多人都認為單純的賺錢並不難，但若想保持節省的習慣，無疑是最難的。提升自身競爭力的途徑，就是花的要比自己賺的少，就是這麼簡單的一個問題。但你可能會說：「我知道啊！這就是節省嘛！我知道節省就能創造並累積財富啊！我知道自己不能吃了蛋糕，還想著要擁有雞蛋的。」但我想說，就是因為這個錯誤的認知，導致大部分人的失敗。事實上，很多人覺得自己知道什麼是節省，但他們其實並不懂。

　　真正意義上的節省被誤解了。很多人終其一生都沒有正確地了解節省的原則是什麼。有人說：「我的收入不錯，我的鄰居的收入跟我差不多，但他總是顯得比我有錢，而我就是窮一點。為什麼會這樣呢？但我知道要節省呀！」他認為自己懂得節省之道，但其實他不懂。很多人認為節省就是囤積起一些無用之物或是零碎的東西，想著如何在洗衣費裡減少五塊錢，或是做一些卑鄙自私的事情。真正的節省絕不是如

此。這個人的不幸之處，就是他的節省之道只專注於一個方向。他們認為自己在原本該花兩分錢的時候節省半分錢就是節省，但他們在其他方面卻是非常揮霍。

比如說，在煤油燈還沒有出現之前，旅人在晚上可能會到偏僻山村的農家投宿一晚，通常主人都會熱情招待的。在吃過晚飯後，旅人發現一根蠟燭的光不足以讓他看書。女主人看出了他的為難，就對他說：「這裡晚上如果想讀書是比較困難的。我們只有在特殊情況才會點兩根蠟燭的。」也許，這個特殊情況一年只會出現一兩次。這樣就可以讓這位精打細算的主婦一年省下 5 美元、6 美元或是 10 美元吧！但要是多點一根蠟燭，他們就能在晚上看書，吸取知識，這其中的價值要比一噸的蠟燭都還更大。

但問題並沒有到此就結束。這位女主人雖然在蠟燭方面這麼節省，她每年卻要到鎮上花上幾百美元來購買絲帶與衣服，其中很多都是沒有必要的。這種錯誤的節省觀念，在很多經商的人中時常可見。你會發現一位優秀的商人，會將所有的舊信封或是其他零碎的東西放好，假如舊的還可以用，就不用新的。他這樣做當然沒錯，一年可能節省下 5 美元到 10 美元。他覺得自己如此節省了，那就可以浪費一點時間，去辦一場昂貴的聚會，或是搭乘豪車去旅行。我從沒聽過一位實踐這種節省觀的人能有所成就的。

　　真正的節省源於支出總比收入少。假如有必要的話，舊衣服也寧願穿久一點，省下買新手套的錢，修補一下以前的服裝，過著粗茶淡飯的日子。這樣在一般情況下，除非出現什麼意外，都要留下你一部分的收入儲蓄起來。今天存下 1 美元，以後就有 10 美元了，讓利息不斷地滾動，最後一定能達到你想實現的目標。也許，若想真正做到節省是需要一些訓練的。一旦我們養成了這種習慣，我們就會從合理的消費中得到更大的滿足，遠離非理性的消費。

　　在這裡推薦一個方法，對於糾正揮霍的行為或是錯誤的節省觀特別有用。方法是這樣的：在年終的時候，如果你發現自己沒有剩下錢，但你的收入其實也還可以，那我建議你在一本筆記本上面畫幾個表格，把自己的每項支出都列出。你可以按天、按週來算，表格分為兩欄，其中一欄的名目寫著『必需品支出』或是『用於舒適生活的』；另一欄則寫著『奢侈品支出』。最後，你會發現後者的支出是前者的兩三倍，甚至會出現十倍以上的差距。其實，生活中用於真正的舒適所花費的錢並不多，是絕大多數人都能賺到的。但正是因為我們害怕別人的目光，過於虛榮與攀比，才讓很多原先可以過得很好的家庭，陷入了貧窮之中。」

　　真正懂得如何使用金錢的人是非常少的。有人賺錢，有人則肆意揮霍；有人囤積金錢，有人則純粹浪費掉了。要學

會真正明智地使用金錢，才有利於我們最後取得成功，理財是一門需要認真掌握的知識。

13　自然是慷慨的，不是肆意揮霍的

　　愛默生說：「自然是最會精打細算的，它將今天被浪費的東西，轉化為明天創造的泉源。它豐厚的資源絕對不是徒有其表，但我們若想獲取，必須付出一定的代價與工作。它讓我們置身於物質豐饒的世界，讓每個人都有屬於自己的占有率。」去年夏天的花朵與植物在秋天凋謝，滋養著今年的大地，擁有了另一種美感。自然甚至不會讓朋友來看我們，除非我們死在家裡。一旦身體沒有了呼吸，它就開始對我們進行分解，又為其他物質的發展提供原料。

　　慷慨，而非揮霍，才是自然之手。據說，甚至連上帝都不能揮霍。他在創造更多的麵包或是魚類的同時，也不斷地收集各種零碎的東西，不能有任何遺漏。

　　將我們現在生活中的很多東西化廢物為寶物，這是下一代人的光榮使命，這個使命無疑會讓他們的人生更加充盈。

　　那些依靠自身美德前進的人，幾乎不會陷入絕望的貧窮。

—— 約翰·德萊頓

節儉可以說是「節制」的女兒，是「適度」的姐妹，是「自由」的父母。那些習慣揮霍的人，很快就會陷入貧窮，貧窮必然要依賴別人，最後招來衰敗。

—— 山繆・詹森

我曾經認識一位妒忌心非常強、目光狹隘的人，他經常說：「小錢隨便花，因為大錢自然會來的。」

—— 賈斯特菲爾德

償還債務有兩種方式：努力地增加收入；或是加大節省的力度。

—— 卡萊爾

不僅通往知識的道路沒有坦途，通往財富的道路也沒有坦途。它需要你努力工作，放棄很多娛樂。要是每個人願意為此付出代價，都是可以得到的。

—— J. G. 霍蘭德

養成節省的習慣，人生就已經成功了一半。

—— C. H. 司布真

迅速累積的財富很快就會消失；一點點累積的財富則會慢慢增加。

—— 歌德

若想贏得財富女神的燦爛的微笑，
就要勤勉地等待著她。
盡一切努力去前進，
為自己的聲譽正名。
不要躲在樹籬裡，
不是成為按部就班的列車員，
而是為了自力更生，
這一光榮的特權。

——勞勃·伯恩斯

在你尚有能力之時，為年老與匱乏做好準備吧！
因為太陽不會照耀一整天的。

——富蘭克林

# 第一章　節省之道

第二章　成功寶典

他想要成功，卻不願為此付出代價。

他只想從工作中挑出「花朵」，卻不願忍受其中的「刺」。

他將自己的失敗歸咎為環境或是其他人。

他總是盼望自己能做其他事情，而不是想著如何做好眼前的事情。

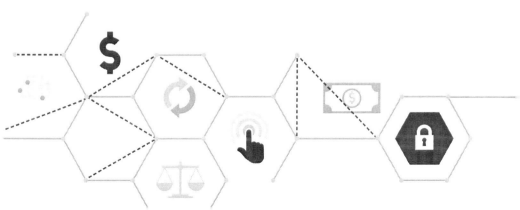

01 接受教育有回報嗎？

讓人生充滿榮耀，而不是充滿負累的工作，這難道不划算嗎？

將原先狹隘的生活之門敞開，這難道不好嗎？

透過顯微鏡或是放大鏡來擴大自己的視野，這難道不好嗎？

不斷拓展自己的人生視野，獲取更為寬廣與清晰的人生景象，這難道不划算嗎？

難道橡子歷經千辛萬苦成為橡樹，是沒有回報的嗎？

難道破繭為蝶的蟲蛹沒有得到回報嗎？

難道體會到釋放自身能量的那種興奮感，是沒有意義的嗎？

難道花蕾綻放，向這個世界展現自己的美麗，這有錯嗎？

努力學習，知道如何擺脫生活的負累，這難道不值得我們去學習嗎？

難道讓自己免於成為一個不學無術的人，是不值得的嗎？

難道感受一下生活的樂趣是一種奢侈嗎？

難道學會如何專注於自身的能量，積極地調動心理能量，是沒有意義的嗎？

難道努力讓自己收獲用金錢都買不到的人生的高尚目標，是不值得你追求的嗎？

難道讓自己擁有任何災難或不幸都不能摧殘的品格，不是美好的嗎？

難道與那些積極向上、充滿理想的年輕人成為一生的朋友，他們當中很多人日後可能成為偉人，這些人不值得你去交流嗎？

難道掌握歷史與科學教給你的知識，過上更加健康與成功的生活，這不值得你學習嗎？

難道成為一位具有開明思想的公民，有能力洞察複雜的政治局勢，在公共事務中理智地投票，這樣不好嗎？

體驗自我發現的樂趣，挖掘尚待開發的潛能，這難道不值得你去做嗎？

雕塑家從沉睡的大理石中雕出塑像來，讓世世代代的人們能夠傳誦英雄主義，這難道不值得雕塑家為之奮鬥嗎？

讓不斷拓展的激情攪動著心靈，感覺到成長的激勵，意識到自己的不斷進步所帶來的持久滿足感，這難道不值得你去追尋嗎？

　　聆聽專家的建議與指教，在人生最重要的歲月裡保持著高遠的理想，這難道不值得你去追求嗎？

　　在大學四年的光陰裡，在一個雄心壯志與高遠理想未曾被失望所打擊的時光裡，在無限的信念還未被世俗的牆壁所阻擋時，與富有文化的人進行愉悅的交流，這難道不值得我們好好地珍惜嗎？

02　沒有機會是藉口嗎？

　　一個出生於農場的貧窮年輕人，最終成為白宮的主人，沒有機會是藉口嗎？

　　這個國家擁有成千上萬座圖書館，數十萬所學校，社區大學提供免費或低價的學習課程，免費的教學講演，免費的教育課程，沒有機會是藉口嗎？

　　在這片出身貧民區的孩子能成為議員，最貧窮的孩子能成為商業鉅子、著名銀行家與金融家的土地上，沒有機會是藉口嗎？

　　在這裡，很多著名的企業，都是由那些憑藉個人能力與正直的品格的人創建的，他們原來似乎也根本沒什麼機會可言。沒有機會是藉口嗎？

在這片土地上，無數個例子已經證明了，只要你給予一位具有上進心的孩子學習的機會，任何困難都不可能阻擋他前進，沒有機會是藉口嗎？

歷史上很多擁有過很多機會的人，最終卻是一事無成，難道機會存在與否是藉口嗎？

「沒有機會啊！」這只是弱者一貫的藉口。

03　讓工作遠離負累的方法

尊重工作。

從工作中取得快樂。

不要以自己的工作為恥。

全身心投入到工作裡去。

從工作中看到詩意。

在工作中專注於某個目標。

盡最大的努力去工作。

徹底了解工作的細節。

一次只做一件事。

不要將自己局限於工作本身。

為工作做好充分的準備。

將工作視為建立品格的途徑。

懷著愉悅的心情去工作，即便有時候自己感覺不大適應。

以一種藝術家的心態去做，而不要以工匠的心態敷衍了事。

讓工作成為你追求更高目標的墊腳石。

每次都要比之前做得更好。

不斷完善自己的目標，只對完美感到滿意。

相信工作的價值與尊嚴，無論這是一份多麼卑微的工作。

明白工作是讓人生具有尊嚴與變得高尚的行為。

接受工作中讓你不愉悅的部分，正如你開心地接受那個你喜歡的部分。

如果可以的話，選擇最適合你本性的工作。

看看自己能夠如何投入到工作中去，而不要總想著能從工作中獲取什麼。

記住，只有透過自身的工作，你才能最為充分地挖掘自身的潛能。

鍛鍊的自己雙眼、雙耳、雙手以及心靈 —— 包括所有的功能 —— 忠誠地做好每件事。

記住，做好一項工作，就是對自身品格的最高考驗。

將工作視為一種不斷鍛鍊自身品格的優點與克服弱點的途徑。

記住，每份工作中，都有一些不足以為外人稱道的優點與弱點。

04　他們在哪裡失去了運氣？

在懶散消磨時光的日子裡。

在猶豫不決的時間裡。

在人生的跑道上。

在自己錯誤的判斷力上。

在憂慮與不安裡。

在將困難無限放大的時候。

在選擇錯誤的商業地點時。

在相信不該相信的人時。

在想迅速致富的時候。

在他們的夢想冷卻的時候。

在過分樂觀的時候。

在往錯誤的方向前進時。

在想著如何取樂時。

在不清楚自己的工作時。

在等待著某些事情的出現時。

在不時酗酒與抽菸的時候。

在想著如何走成功的捷徑時。

在自己心情好的時候才想工作時。

在沒有一個工作計畫與規劃時。

在忽視個人的形象上。

在選擇了一位愚蠢與鋪張浪費的伴侶時。

在第一次成功後，成為過分自信者時。

在機會到來的時候，沒有準備好時。

在收到投資計畫時，只是抽樣來看時。

在他們拒絕更好的工作時，因為他們不知道是否會喜歡之後的工作。

在他們總是幻想著美好的事情，而不是先把手頭的工作做好時。

在他們令人反感的自私的個性上，無法交到真正的朋友。

在他們暴躁地發脾氣，將員工與顧客趕走時。

在等待某人出現幫助他們；或是盼望著某個富有的親戚，死後給自己留下一大筆遺產時。

05 快樂從哪裡尋找？

從細微的禮節中。

從很小的友善舉動中。

從讓人愉悅的話語中。

從用微笑面對生活中。

從讓別人感到快樂中。

從寫給別人友好的信件中。

從良好的祝願中。

從與別人的社交中。

從與書為伴中。

從樂於助人中。

從健康的娛樂活動中。

從培養心智中尋找。

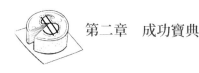

從一顆清明的良心中。

從我們熱愛自己的工作中。

從實現具有價值的夢想中。

從懷著愉悅心情履行職責中。

從無私的服務中。

從不求回報、做到最好中。

從彼此的互相信任中。

06 為什麼他總是原地踏步？

他總是盯著時鐘，想趕快下班。

他總是在抱怨。

他總是遲到。

他想做，但卻沒有做好充分準備。

他不相信自己。

他總是有太多不懂的問題。

他受不良書籍的影響。

他一貫的藉口是「我忘了」。

他沒有為下一步做好準備。

他沒有全身心投入到工作中去。

他沒有從錯誤中汲取教訓。

他以自己的工作為恥。

他與那些不及自己的人交友。

他安於成為一個二流人物。

他的半途而廢摧毀自身的力量。

他從不敢按照自己的判斷行事。

他不認為學習做事有什麼價值。

他想要以「虛張聲勢」去代替認真工作。

他想到更多的是娛樂，而不是如何在這個世界上出人頭地。

他認為，使用粗魯與褻瀆的語言是聰明的表現。

他不知道，薪水最重要的意義，並不在於在他的薪水袋裡。

07　這些人永遠沒有機會，因為他們是 ──

因為他們是懶惰者。

因為他們是依賴者。

因為他們是懦弱者。

因為他們是搖擺不定者。

因為他們是無知者。

因為他們是弱者。

因為他們是一知半解者。

因為他們是冷漠者。

因為他們是缺乏準備者。

因為他們是華而不實的理論者。

因為他們總是盯著下班的時鐘。

因為他們做事馬虎與不細心。

因為他們是缺乏骨氣的年輕人。

因為他們是害怕遭遇挫折的年輕人。

因為他們在學校與工作中裝做認真但實際上浪費了太多時間。

因為他們認為提升自己的心智毫無意義。

因為他們總是在追趕著別人。

因為他們總是想著吃老本，認為為未來的事情做準備毫無必要。

08　為什麼他沒有成功呢？

他沒有高遠的目標。

他缺乏冒險的精神。

他過分衝動。

他從未認真做過一件事。

他以為自己的公司自然會良好地運作。

他害怕破釜沉舟。

他認識不到形象的重要性。

他粗魯的行為，將顧客趕到了競爭對手那裡。

他喜歡抽菸，喜歡閒聊，不喜歡自己的工作。

他無法全身心專注於自己的工作。

他不知道如何為別人樹立榜樣。

他讓那些粗魯與冷漠的員工趕走了生意。

他缺乏果斷有效的決定能力。

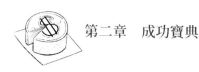

他相信那些身處重要位置上的無能朋友或是親戚。

他不願意精益求精。

他不斷重複已做的事情，因為他缺乏有系統的方法。

他覺得自己了解了全部的工作內容。

他試圖透過砍掉廣告投入來節省開支。

他是一位誠實與善良的人，但卻不能以商業的方式去處理工作的事情。

他對所有的事情都略為了解，但無一精通。

他想要成功，卻不願為此付出代價。

他只想從工作中挑出「花朵」，卻不願忍受其中的「刺」。

他將自己的失敗歸咎為環境或是其他人。

他總是盼望自己能做其他事情，而不是想著如何做好眼前的事情。

09　如果你想受人歡迎，那麼就 ——

助人為樂。

善於社交。

做一個好的傾聽者。

研究讚美人的藝術。

為人坦誠、開放與忠誠。

為人慷慨大度。

時刻想著給別人幫助。

友善有禮地對待每個人。

自信而不自負。

不要總是一個人搶占談話的風頭。

真誠地關心別人。

時刻看到事情光明的一面。

努力記住別人的名字與樣貌。

不要批判別人，也不要說些不友善的話。

尋找別人身上的優點，而不是找他們的缺點。

寬恕與忘記別人帶給你的傷害，但不要忘記別人的恩惠。

保持健康的身體，散發出力量與勇氣的能量。

為別人的成功歡呼，就像你自己成功了一樣。

要時刻考慮到別人的權利與感受。

要玩得開心，但不要讓娛樂變成放縱。

對別人說些友善的話語，以燦爛與鼓舞的笑容去迎接每個人。

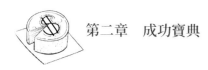

學會在最考驗人的環境下控制自己。

在任何時候與任何場合，都要尊重女性，保持紳士般的風度。

像個男人那樣去迎接困難，樂觀地忍受你所無法挽救的東西。

相信兄弟間的情誼，不要區分彼此的階級。

不要過分沉浸於自己的想法，要聆聽一下別人所持的不同觀點。

不要開一些可能會傷害別人情感的玩笑。

要有雄心壯志與活力，但不要以犧牲他人的代價讓自己獲利。

對待下屬要有禮友善，就像你對待自己的同事或是上司那樣。

10　為什麼他們貧窮呢？

他們的理想比他們的錢包更大。

他們沒有計算自己的開支。

他們容易成為那些精明商家與推銷員的受害者。

他們反過來看待這句格言 ——「先工作，後娛樂」。

他們有太多花費不菲的娛樂活動。

他們認為節省幾塊錢沒有多大意義。

他們為了迅速致富而鋌而走險。

他們任由狐群狗黨利用自己的善良與慷慨。

他們努力去做別人期望他們做的事情，而不是去做自己有能力去做的事情。

他們今天不去做自己有能力去做的事情，一定要拖延到明天。

他們認為簽名合約或是將協議用紙張的形式存證確定，並沒有什麼意義。

他們寧願負債累累，也不願去做他們認為低下的工作。

他們從未想過將自己的房子抵押出去，終有一天會讓他們無家可歸。

他們向朋友立下借據或是借用貸款，只是為了讓自己過得更舒適一些。

他們冒著將所有的雞蛋都放在一個籃子裡的風險，但自己卻未能處在一個能夠監管與控制的位置。

他們在困難到來的時候，才想到要為困難做好充分的準備。

他作為企業的老闆是個好人，但他卻從未在商言商。

他們的兒女養成的唯一習慣，就是喜歡名貴的衣服與珠寶。

他們從未意識到，一個耗費昂貴的習慣，會讓整個家庭都染上奢侈之風。

他們家一年收入才一萬美元，卻想著要跟收入達到五萬美元的鄰居攀比。

他們購買所有東西──比如鋼琴、書籍、古董──都是他們透過分期付款來購買的。

他們沒能在自身完全了解的工作中做到最好，但卻覺得自己可以從投資一個對自己而言完全陌生的領域中獲利，特別是那些與自身工作毫不相關的投資。

11　今天的良機都在哪裡呢？

在那些專注於一個堅定的目標的年輕人身上。

在那些不辭勞苦、認真了解工作的員工身上。

在那些以力量與創造力去做事情，而不是單純抱著夢想而不去實現的人身上。

在那些面對工作中的「刺」時，能像遇到優雅的「玫瑰」那樣去面對的人身上。

在那些不僅有遠大志向、而且還願意為了實現這個志向而作出犧牲的人們身上。

在那些不以自己薪水去衡量個人工作品質的人身上。

在那些面對荊棘遍地時，仍能以前路就是一馬平川的態度，去克服自我懷疑、取得成功的人身上。

在那些成功克服恐懼，並且篤信自我且信心永不動搖的人身上。

在那些將困難減到最低程度的人身上。

在那些無論面對多少挫折，都不會失去對夢想追求的人身上。

在那些揚長避短的人身上。

在那些為了一個高尚與無私的目標而工作的人身上。

在那些對自己期望較高的人身上，在那些不辭勞苦去實現夢想的人身上。

在那些堅定信念、勤奮工作的人身上。

在那些相信奮鬥而不是單憑運氣的人身上。

在那些迅速、準確、有禮與大度的完成自己所做的每一

件事，將其視為自身的一次機會的人身上。

在那些永不沮喪的人們身上。

在那些總是面朝陽光的人身上。

在那些為了成功而不斷努力、思考與生活的人身上。

在那些無論遇到什麼困難，都將自身的毅力、決心與意志力，投入到勇敢奮鬥中的人身上。

在每一個能夠不分你我，不再猶豫不決，亦不在乎環境所限的人身上，在你自己身上，這才是一切成功的泉源所在。

12 為什麼銷售員沒有成功呢？

他顯得很不安。

他缺乏足夠的應變能力。

他說話不經過大腦。

他讀不懂人性。

他沒有計畫地工作。

他不知道如何接觸別人。

他不能友好地面對別人的批評。

他不能全身心地投入到工作中去。

他缺乏足夠的自信與信念。

他將自己的競爭對手踩下去，讓人們對他反感。

他總是以一種「我將試試看」的心態，而不是「我能夠做到」的心態做事。

他的精力過於分散，沒有專注於一個目標。

他不覺得自己出差的時候能夠得到訂單。

他沒有足夠的辯論知識儲備，不足以應對顧客的反對聲。

他耗費了巨大的時間，去克服自己給別人留下的負面第一印象。

他說話總是拐彎抹角，在他說到重點前，人們已經感到厭煩了。

他總是想著可以單憑信件或是其他方式，來代替親自的拜訪。

他為人缺乏真誠，總是因為自己的冷漠舉止而激怒身邊的人。

他總是想著「自己可以做別的事情」。他想著要是自己不能將產品賣出去，他還可以賣其他東西。

他展現給別人一種低素養的形象，而不是一個有信譽又可靠的公司代表形象。

他不喜歡自己的工作，他的心總是想著別的東西，在他得到一份更好的工作之前，他就是在混日子過生活。

他給顧客推銷一些廉價與過時的產品後，又向下一位顧客誇耀這些產品有多麼好。

他並不完全相信自己所銷售的產品，當然，他也無法說服別人相信。

他為人太過功利。要是他不能一開始就從顧客那裡得到訂單，他就會失去耐心，並就此放棄。

他不會從顧客的角度去考慮他們的利益問題。

他對自己的工作尊嚴沒有什麼期許，他覺得人們會認為自己只是一個小販而已。

他總是過分推銷，對自己的產品誇大其詞，讓顧客無法相信他所說的話。

若是他覺得自己能夠得到訂單，他會顯得很有禮貌，但要是被拒絕的話，他馬上就會抓狂，說出一些沒水準的話語。

他會鬼鬼祟祟地溜進顧客的辦公室，帶著滿臉抱歉的表情，給人一種自我貶低與「請把我趕出去」的氣息，馬上讓人感到厭惡與鄙視。

　　他缺乏夠強的適應能力與圓滑的技巧，他總是習慣於同一種交流方式，不會根據別人的智商、受教育背景或是所處的地位，採取不同的說話方式。

　　他能調動起顧客的熱情，但就是無法達成最終的交易，或是他在已說服顧客購買的情況下，依然繼續推銷，最終讓顧客對他反感。

13 如果你擁有良好的教養，那麼 ——

　　你會待人友善。

　　你不會使用低俗的俚語。

　　你會嘗試讓別人感到快樂。

　　你絕不會說別人的閒言碎語。

　　你不會在旁人面前大肆吹牛，也不會吹噓自己的成就。

　　你不會因為自己的年齡而忽略對別人的尊重。

　　你會處處留意自己的舉止，不會傷害到別人的權利。

　　無論在任何情況下，你都不會傷害別人的感情，而是會想著如何幫助他們。

　　你不會用人們的銀行存款，去衡量是否要對人們禮貌有禮。

　　你不會忘記各種約會、承諾或是所要肩負的責任。

　　你在談話時不會大聲議論或是左右矛盾。

　　你不會取笑別人的個性或是某些特質。

　　你不會因為不時談論自己的事情而讓別人感到厭煩。

　　你不會提醒一位殘疾人士他的身體有殘損，也不會窺探敏感者的痛處。

　　你不會因為別人比你得到更多的關注，而感到自己被人忽視或是冷落。

　　你不會有兩套舉止標準，一套用於「公司」；一套用於自己的家庭。

　　你不會認為只要自己的出發點是好的，就可以為自身粗魯或是莽撞的行為正名了。

　　身為一位客人，你不會當著主人的面說飯菜不好吃。

　　你不會用大聲的話語或是笑聲，去吸引別人的注意，或是透過高談闊論來展現自我。

　　你會用自己優雅的舉止與卓越的智商，展現出你的視野，而不是透過不時談論自己到過哪些國家之類的話。

14　計畫的作用

這會讓你清除心靈的塵埃與大腦灰塵。

這會有助於你的工作，減少你無謂的浪費。

這會增強你的工作效率，延長生命，讓你的人生更有意義。

這會讓你的員工更加尊重你，你會更加受他們歡迎。

這會讓你完成更多的工作，獲得更好的工作品質，這在從前缺乏計畫的情況下是難以想像的。

這會讓一位能力平庸之人，取得比那些更有能力但缺乏計畫的人更大的成就。

這會增強你的辦事效率，因為這會增強你的自信與自尊。

這會簡化很多複雜的細節，讓你更加自由地從事具有創造力的工作。

這會節省你的工作成本，因為你不需要一再重複相同的事情。

這會增強你的自尊、自我信念，因此這也會讓別人尊重與信任你。

這會更好地利用過往的經驗，讓你免於重蹈覆轍。

　　這會讓你成為一個更加平衡的人，心理更加健康，對人生抱著更為積極的態度。

　　這會讓你迅速找到你想要的東西，而不是浪費寶貴的時間，到處尋找這些東西。

　　這會讓你養成一種做事有始有終的習慣，而不是像以往那樣半途而廢，或是馬虎敷衍地對待。

　　這會讓你得到更多的休閒時間。一個具有良好的組織能力的人，會有時間去見他的朋友，去做娛樂活動，有時間去旅行，因為他的系統都已經幫他將事情安排的井井有條。

　　這會讓你成為一個性情更加愉悅的人，因為心裡的困惑會讓人的大腦感到疲乏，讓人變得緊張，容易讓人趨於悲觀。

　　這會消除你的憂慮，會讓你免於因為覺得自己沒能處理一些繁瑣的細節，而有力不從心的感覺。

　　一個良好的計畫，會縮短你實現目標的路程，讓心靈免於難以計數的煩憂，讓你遠離繁瑣的細節或是負累，而這是那些缺乏計畫的人所必須要面對的。

15 這是一種恥辱

做事懶散、冷漠或是懈怠。

三心二意、馬虎地做事。

粗魯、野蠻與讓人反感的舉止。

隱藏自己的一種才能，因為你只有這一種。

當你可以過上更為圓滿的生活時，卻選擇過一種半滿的生活。

不注意自己或是所處的環境的衛生。

意識到自己的缺點，卻不願意去改正。

在你爬到了自己想到的位置後，就將原來的梯子踢倒。

對良好的社會習俗或是用語無知得可憐。

無法與人就當代的一些話題，進行有智慧的討論。

逃避政治上的責任，或是對公共事務顯得冷漠。

無視正在促進國家文化發展的重要力量。

盲目地投票，不分對錯，而不是按照自己的原則，因為你一直以來都是這樣。

在這個時代，對於免費的學校、廉價的報紙、期刊或是流動的圖書館一概不知。

對實用的科學知識一竅不通，對日常生活中我們所見、所處理或是享受的東西的原理缺乏概念。

對於當代世界的形勢，缺乏一個整體的認識，對國與國之間的關係也缺乏了解。

不了解健康的法則，不知道如何健康與合理地生活。

被自己的慾望與激情所控制，讓自己在社會的影響力與地位遭受到損害。

對於自然的歷史完全不懂，不知道自然的美感，與鬼斧神工背後所蘊藏的科學知識。

對我們所居住的這個國家，缺乏明智的想法，不知道這個國家的歷史，不知道它的產業，也不知道人們的生活狀況。

生活中到處都有學校、圖書館、博物館、課堂講座、畫廊，或是知識提升的俱樂部，卻不去好好地利用。

16　失敗者的墓誌銘

他缺乏圓滑的技巧。

恐懼扼殺了他。

他缺乏動力。

他不能果敢地做決定。

他為人過分敏感。

他不敢拒絕別人。

他差點成功了，但他放棄了。

他找不到自己的位置。

他頑固地堅守自己的偏見。

一點小小的成功，讓他忘乎所以。

他被自私所扼殺。

他無法消化所學到的知識。

他自視甚高，不願意接受別人的建議。

他沒有防備自己的缺點。

他做任何事情都只看到眼前利益。

他缺乏點燃能量的火焰。

他不熱愛自己的工作。

他墨守陳規，無法走出來。

他從沒有學會放棄那些其實是垃圾的東西。

他被煩瑣的細節所淹沒。

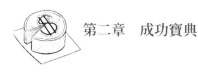

他沒有學會做事有始有終。

他喜歡安逸，不喜歡努力奮鬥。

他從不接受別人的建議，導致失敗。

他無法將知識轉化成為力量。

他因為沒有自信而摧毀了自己的判斷。

他缺乏與人交流的能力。

他知道很多事情，卻無法說出來。

他不理會對方的感受。

他在接受教訓或是面對挫折時，不能勇敢地面對。

他在成為律師、醫生、商人或是政治家前，並不是一個真正的男人。

17　為什麼他總是畏首畏尾？

他不知道如何宣傳自己。

他不知道如何跟上時代的發展。

他想做好所有事情。

他想用低廉價格聘請別人幫助他。

他說的話不可靠。

他將規則視為毫無用處的繁文縟節。

他的過分小氣阻礙著自己前進。

他沒有在別人面前充分展現自己的能力。

他認為做一些小事情意義不大。

他因為沉湎於小事，而埋沒自己去做大事的能耐。

他從未想過，只有自由的策略，才能在商界裡站穩腳跟。

他的第一次成功，讓他過分自信，變得忘乎所以。

他產品的款式總是那麼少，而且風格總是過時。

「商場的伎倆」讓他的信譽掃地，讓他從此與公平交易的名聲無緣。

他沒有及時還款，失去了自己的信用。

他認為在競爭對手花錢去投放廣告時，自己可以節省這筆錢。

他不重視買家對產品的良好品味，反而認為自己節省下來的錢是非常划算的。

他的經營讓企業不斷走下坡路，對他來說，時勢總是「艱難」的，資金總是「緊缺」的，業績總是「平平」的。

他為人悲觀，他的所有員工都受到他的感染，讓整個公司的氣氛顯得那麼壓抑。

他讓那些缺乏執行力與領導能力的人，身處重要的位置。

他有計劃的能力，但缺乏執行力。他對人性缺乏足夠的洞察力，不知道如何讓自己身邊擠滿有能力的人。

他認為將自己的企業與那些更為成功的企業相比，或是學習他們的經營方法，沒有多大意義。

他不注重顧客的需求，而是進自己認為最好的貨，他覺得這樣就能得到最大的利潤。

18　為什麼他對生活感到失望呢？

他過分嚴肅地看待生活。

他沒有時間去娛樂。

他的社交功能因為長時間疏於使用而萎縮。

他節省金錢，卻讓心靈不斷枯萎。

他覺得要是沒有金錢的話，自己是不可能過得幸福的。

他在工作的時候，沒有發展自己的為人與氣概。

他是習慣與陳規的受害者，未能聽從內心的呼喚。

他從未養成在日常生活中汲取快樂的藝術。

他沒能以高尚的情操去生活，而是低俗地過活。

他在年輕時犧牲了友情，又沒有時間去結交新的朋友。

他養成了一種強大的索取能力，卻從未學會如何給予。

他總是往回看，或是一味地往前看，錯過了當下的美好。

他對自己所擁有的東西毫無感恩之心，因為他沒有那些讓他羨慕的人所擁有的東西。

他從未學會如何去享受當下的生活，而是發現不斷延遲享受快樂只是一種幻覺。

⑲ 他們是如何失去自己的房子的？

因為他們的賭博惡習。

他們花光了存款。

他們購買自己不需要的東西，只是因為這些東西很廉價。

他們總是以分期付款去購買所有東西。

他們在該如何花錢上沒有良好的判斷力。

他們的錢都花在喝酒與抽菸上，而不是儲存起來。

丈夫總是想著要給妻子買保險，但直到死去時，都沒有做到。

他們不知道如何拒絕別人，不敢說「我買不起」這樣的話。

他們不會做一些自認為與身分不符的工作，卻總是想著穿著名貴的衣服。

他們從銀行將存款取出來，投入到一些想要迅速致富的項目上，結果石沉大海。

他們從沒養成將錢存在銀行的習慣，或是為自己購買現在還不需要的人生保險。

他們的座右銘是：「今朝有酒今朝醉。」

他們覺得將協議或是共識寫在紙上是毫無必要的。

他們不知道賦予律師或是經紀人過多的權利，會讓他們的財產任人宰割。

他們盡可能地延遲還款，因為他們覺得明天肯定會比今天更容易做到。

他們從小沒有養成節儉的習慣，不知道如何節省一分一毫，最終讓家庭遭殃。

他們在簽署重要文件時，沒有認真閱讀文件內容，只是因為別人要求他們這樣做。

想要維持超過自身經濟能力範圍的形象的欲望，讓他們抵押財產，最終導致破產。

當他們的金錢逐漸減少，他們真的不知道「該從哪方面開始節省」，因為以往奢侈的習慣，已經讓他們覺得所有這些都是必需的。

他們害怕那些和自己打交道的人覺得索要一張借據很可疑。

他們到商店買東西總是分期付款，而不是支付現金，他們沒有意識到，這會多麼容易累積帳單，不知道到時候該如何重新站起來。

他們花費大量金錢用於娛樂，甚至超過了自己的收入，因為他們想讓人們覺得，自己處於良好的經濟狀況。

很多做父親的人，覺得偶爾參加一些「宴會」，是一家之主的特權。過一段時間後，他就會過分濫用這種特權。

他們努力讓女兒進入社交圈，與那些地位比他們高的人交際，希望能認識名流子弟。但這樣的做法，最終卻讓他們陷入絕望的債務之中。

因為是分期付款，所以他們大把大把地花錢，因為還款的日子似乎還很遙遠，他們覺得自己不會有失去房子的危險。

20 為什麼他的婚姻會失敗呢？

他覺得小孩很討厭。

他在婚前極盡求愛之能事。

他從不跟妻子商量自己的事情。

他從沒時間與妻子一起外出。

他不捨得給妻子錢花，讓她就像一個乞丐一般。

他將妻子視作低自己一等。

他不願花時間和家人在一起增進感情。

他只有在妻子能給他帶來什麼的時候，才會想到她。

他從未想到婚姻都是有兩面的。

他從未想到妻子也是需要丈夫的表揚與讚美的。

他在家裡是一套行為，而在公司或是社交場合又是另一套。

他娶到了一位完美的妻子，但婚後卻失望地發現，妻子原來也是有缺點的。

他覺得妻子就應該將全部時間投入到家務中。

他對待妻子的方式，是他絕不敢用來對待其他女性的。

21　如果你想要非常非常受人「歡迎」，那麼 ——

不要做任何你不想做的事情。

認為別人總是站在錯誤的位置上。

時刻談論著自己的事情，這樣做會讓所有人都對你感興趣的。

沒有比自私更讓你受到別人的青睞了，每個人都喜歡自私。

時刻留意別人對自己的輕視或是侮辱。記住，大多數人在社會地位上都比你高，他們正想著如何阻擋你的發展。

要記得給別人的計畫潑一盆冷水，打擊他們所懷揣的夢想。不會有人對此懷恨在心的。

無論到哪裡，先把最好的位置給占了。在你坐好後，需要向別人讓座時，自己卻根本沒有要抬起屁股的意思。

一旦自己的情感受到傷害，就要馬上表現出來，或在別人比你受到更多的關注，或是衣著比你更好看時，馬上表現出自己的嫉妒心理。

如果事情不順心，就用力地拍桌，盡量表現出自己不滿的情緒。即便是摔壞一兩件東西也沒關係的。這有助於你緩解大腦血液的壓力。

　　若想受到僕人們的「歡迎」，就要抓住每個機會去發洩自己的憤怒。對他們無論是在家中或是其他地方所做的每件事挑毛病。那些人只是你的僕人，他們已經習慣了這樣的對待。他們絕對不會是那些臉皮薄的人。

　　要永遠保持八卦的心態，無論這是否會讓一個無辜的人，變得失去理智或是最終自殺。你不能因為別人的敏感的性情，就剝奪了自己的這點小小娛樂行為。繼續將八卦消息傳播下去。

　　不要嘗試去控制自己的情緒，放任情緒宣洩吧！如果你陷入到發怒、嘮叨、責罵的狀態，或是你感到「憂鬱」的時候，別人都是不會介意的。在一間公司裡，聘用那些滿臉陰鬱、沉默或是情緒化的員工，是非常有趣的，這對每個人都會有種正向的作用。

　　讓別人取悅你，比你去愉悅別人更加有趣。因為，他們的事情很難讓人覺得有趣。他們對周圍的人都那麼熟悉，厭煩了自己所在的公司。他們寧願談論你的事情與你所做的事情。

　　你可以隨意牴觸別人或是傷害他們的情感，他們不會介意的。

　　不要理會文明社會的所謂的準則，那些只不過是一群愚蠢、懶散的人，一時想出來的準則而已。

在別人說話的時候，你可以隨意打斷。那個被打斷的人，會更加願意傾聽你的觀點。

不要吝嗇於展現自己的冷漠，因為當別人談論他們或是他們的事情時，你會感到無比厭煩。

當別人對你表示關注，你要認為這是理所當然的。這只是你的權利而已，誰也不會期望你給予回報。

當你必須要拒絕別人的好處時，一定要粗魯與蠻橫地表達出來，不用理會傷害到別人的情感。

要記住時刻大聲說話，沒必要降低自己說話的聲音，沒必要壓制自己在公共場合想要大聲說話的慾望。這才是良好教養的表現。

不要因為一時的犯錯，就壓制自己在任何場合發布觀點的想法。這是真誠的做法，無論其他人是如何稱之為野蠻行為的。

當有人取得了具有意義的成就，或是擁有某種特殊天賦時，跟這樣的人說，你認識的某人能以更加明智的方式，取得類似的成就。

要是別人的觀點與你相悖，你可以隨意地取笑別人的理想或是宗教信仰。人們不會對自己所持的宗教信仰或是堅定的目標敏感的。

在家的時候，沒必要麻煩自己穿得那麼整潔。沒有人會看見的。你穿多麼老舊的衣服都沒人知道。如果有人來拜訪你，你可以叫他們等一下，直到你草草地換上其他衣服。

別忘了告訴你的朋友或是你認識的人，說他們在挑選帽子或是其他衣服時的品味是多麼差。別忘了隨時對他們的衣著發表不同的意見。

要牢牢記住，對你來說，讚美是一件非常美妙的事情，而對別人來說則是非常糟糕的。這會催生別人的虛榮心，那些被讚美的人就是「心花怒放」，會變得「好高騖遠」，讓他們日後的人生走上歧途。

不用覺得你的妻子需要生活的調劑或是娛樂，她可以一直待在家裡，照顧小孩與家庭的事務，而你可以到處外出，過著風流快活的日子。她的親戚與朋友都會因為你這樣做而更加喜歡你 —— 你的妻子也會的。

22 你如果覺得虧欠母親的，那麼就 ——

對母親所感興趣或是喜歡的東西，你都要表現出自己的興趣。

首先要為母親的舒適與愉悅著想。

不要忘記雖然母親年老了，臉上布滿皺紋，但她也還是熱愛很多東西的。

要時常回家探望母親，保證母親身體健康，生活愉快。

要記住，母親的心中始終就像一個小女孩，需要你的關愛。

要給她完全的自信，不要做任何母親會反對的事情。

與她一起分享你的事情，雖然你們在年齡上存在差異，但依然能夠融洽相處的。

要將母親那早已下垂的肩膀上所肩負的重擔挑過來，記住，母親這一切都是為了你。

不要做出任何舉動，顯示你的世界與她的世界存在差異，或是讓她感覺你比她更高一等。

要始終恭順地對待母親，就如你對待你的上司那樣。

要研究母親的口味與習慣，研究她的喜好，盡可能以順其自然的方式滿足母親的需求。

要耐心地容忍母親性格上或是脾氣方面的缺點，這可能是因為她長年累月對你的照顧，以及辛勤勞作所養成的。

要將你要做的事情與母親商量，聽從她的建議，即便你心意已決。

要在任何場合下，抓住每個機會，去回報母親多年來為

自己的幸福與健康所作出的犧牲。

要順從母親的建議，尊重母親，即便在接受過大學教育的你看來，母親的觀點可能早已過時了。

要盡可能地讓母親保持年輕的面容，也要讓她保持精神上的愉悅，要捨得花心思給母親挑選衣服，或是購買一些小飾品，以及關注母親的個人健康狀況。

絕對不要因為母親的宗教信仰與你的相悖，或是在你看來，她的視野隨著年齡的增長而變得狹窄，就取笑她，這會讓她深感痛苦與震驚。

向母親介紹你的年輕朋友，讓她的身心處在充滿活力、希望之中，這樣她就能將年輕的心帶到老年了。

和她談論你的工作、你的學習、你的娛樂活動、你所讀的書、你到過的地方，因為任何你關注的事情，都是她所關心的。

如果她再也不能像以前那樣操持家務工作，不要讓她感覺自己好像被淘汰了，或是失去了家中支柱的地位。絕不要讓母親開口跟你要錢，你要主動給予。

記住，與你的生活相比，母親的生活更加單調。你可以帶她到一些適合娛樂的場所，也可以到郊區遊玩一下，如果你的家在鄉村的話，帶她到城市逛逛，有時間就盡可能地這樣做。

23　讓人失望的丈夫

他願意為妻子奉獻自己的生命，但每當他從地窖裡抱一堆煤炭上來的時候，總要大發牢騷。

他想從家裡得到所有的舒適，卻不願忍受任何負擔。

他將家視為一個吃飯與睡覺的地方。

他沒有時間做孩子的好父親，也沒時間陪伴妻子。

他對孩子在學校的事情從不感興趣，也不願意花時間去教育或是逗孩子開心。

他在工作場合或是俱樂部，耗盡了所有的禮貌與愉悅，回到家裡後就像一頭發瘋的熊。

每次和妻子外出的時候，總是走在妻子前面。

他每次回家的時候，都不會帶回一點小禮物。

他每天早晨出去上班或是晚上回來的時候，都不會親吻自己的妻子。

他錙銖必較地給妻子零用錢，讓她解釋將每分錢花在了哪裡。

他幾乎不帶妻子到歌劇院，偶爾他帶妻子去的時候，在幕間休息時，也不跟她說一句話。

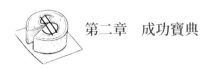

24 這個世界所尋找的

一個不能收買的人。

一個一言九鼎的人。

一個將品格看得比金錢更重要的人。

一個擁有主見與意志力的人。

一個超越工作本身的人。

一個敢於冒險的人。

一個能從平凡中看到神性的人。

一個不會隨波逐流的人。

一個在小事與大事上都一樣誠實的人。

一個不會向錯誤妥協的人。

一個夢想並不局限於自私的欲望上的人。

一個願意為了公共利益而犧牲自己的人。

一個在本性中不是懦弱的人。

一個童叟無欺的人。

一個不會說自己做一件事，只是「因為其他人都這樣做」的人。

一個不會讓他的右手不知道左手在做什麼的慈善家。

　　一個不會為了商業目的做一套，而在私人生活又做另一套的人。

　　一個不會想著如何讓別人為自己服務、慷慨大度的人。

　　一個能夠從世俗的掌聲中保持清醒，不為金錢或是名利所動搖的人。

　　一個不會被恐嚇或是收買的政治家，他不會結黨營私，到處操縱，或是因為個人利益而影響政策的施行。

　　一個不會將在美國磨坊製造的產品，貼上「英國進口」的商標的商人。

　　一個明知道打不贏官司的律師，他不會單純為了從客戶身上榨取金錢，而說服他進行訴訟。

　　一個不知道疾病症狀的醫生，他不會假裝自己知道，或是假裝自己在臨床試驗或是對病人使用的藥物方面很有把握。

　　一個不會利用別人的不幸，甚至用摧毀別人名聲的方式來「增加報紙的發行量」；或是寫一些下流的醜聞，只因為他們的主編要求他們這樣做的記者。

　　一個無論朋友遇到好事或是壞事、順境或是逆境，都會忠誠相待的人。

一個不會從每個建議中，只看到「我到底有什麼好處」的人。

能夠挺直胸膛、保持獨立的年輕男女，而其他人則向地位與權力低頭彎腰。

一個不認為精明、欺騙或是算計，就是取得成功應有的素養的人。

一個有勇氣在沉默與隱忍環境下，去履行自己職責的人，而他身邊的人，則因漠視神聖的職責而收獲財富與名聲。

一個不羞於或害怕為真理挺身而出的人，即便不受歡迎，都能勇敢地說出「不」，雖然全世界的人都在說「是」。

一個有勇氣穿著布衣，過著簡單樸素的生活的人，而他的競爭對手卻透過邪惡的手段，去享受奢華的生活。

一個能完全控制自己的人，在最困難的時期，仍能不說抱怨的話，不會發脾氣或是怒髮衝冠。

25 不要這樣 ──

不要八卦。

不要慌張。

不要抱怨。

不要去浪費時間。

不要說命運與你為敵。

不要與天氣為敵。

不要覺得未來兇險。

不要沉著臉。

不要挑剔，不要埋怨，不要憂慮。

不要對無意冒犯的人動怒。

不要抱怨你所做的工作。

不要只想做大事，不管小事。

不要責備別人，不要因為小事而動怒。

不要只吹噓自己能做什麼，而不去把事情做好。

不要覺得生活是一種負累，不要覺得人生沒意思。

不要貶低自己，不要輕視自己的能力。

不要對朋友或是熟人出言不遜。

不要誇張，不要小題大做。

不要埋怨過去，不要只想著那些不愉快的經歷，而是要埋掉這些經歷。

不要可憐自己，不要感嘆自己沒有機會。

不要以己之短和別人比較。

不要等待著機會出現，而是要努力尋找。

不要覺得所有的良機都離你遠去了。

不要在遠方尋找機會，而是要在你所在的位置尋找。

不要漠然地盯著未來，一味地想像，而不是好好把握當下。

不要羨慕別人所擁有的東西，而是要努力工作，贏得屬於自己的東西。

不要幻想自己在另外一個地方，或是其他環境就會更加快樂。

不要猜想自己在別人的位置上，就能做出偉大的事情，而是先把眼前的工作做好。

26 不要坐等機會，而要創造機會

像海倫‧凱勒那樣，雖然失明失聰，仍然創造機會。

像拿破崙與格蘭特那樣，在數百個「不可能」的絕境下奮鬥。

像每個事業有成的人那樣努力奮鬥。

像很多貧窮的移民那樣，憑藉自己雙手，去創造一番新天地。

像亨利‧威爾遜那樣，在夜校那裡學習數千本的書籍，將其他人浪費掉的時間用於學習。

像林肯那樣，在面對良機的時候有勇氣去把握，憑藉著持久的堅韌以及要成為大人物的決心。

如果你不能做到更好，就像喬治‧史蒂文生那樣，用一支粉筆在煤炭車那樣骯髒的地方學習數學公式。

從一開始就要下定決心，一定要發揮自身最大的能量，成為你所能成為的最優秀、最強大與最有用的人。

27 成功為什麼變成失敗？就因為——

在你可以做大事的時候，卻只做小事。

在你一生的事業裡，不能讓自己成為一個更為優秀、美好與格局宏大的人。

在你活著的時候只是為了吃喝，玩得開心與賺錢。

你沒有讓自己的品格更加高尚，而只想著口袋裡的錢。

你最具活力的腦細胞都被貪欲所消滅了。

你讓良心變成被告者，將生活中的陽光通通趕走。

所有的憐憫心都被你過度的自私所摧毀。

在你達成目標時，卻把所有的夢想與別人的希望都粉碎了。

你一再以自己沒有時間為理由不去培養友情、禮貌或是良好的教養。

你在前進的道路上丟失了自尊、勇氣、自我控制，或是其他所謂的生而為人的特質。

你無法俯瞰自己的工作，無法讓自己成為與律師、商人、醫生或是科學家一樣偉大的人。

在你的談吐中明顯出現心靈貧瘠的狀況。

你過著雙面的生活，做事有著雙重標準。

你摧毀自己的身體──成為「神經衰弱」與情緒的受害者。

在你身上無法透出任何文化、教育、閱歷或是幫助別人的機會。

你不斷地渴盼著更多的金錢、更多的土地、更大的房子或是更具價值的債券，讓這些欲念成為你人生的主宰。

你不斷地讓心靈與身體萎縮，失去了年輕人的自發性與應有的熱情。

你逐漸變得鐵石心腸，只想著從別人那裡索取，不理會別人的痛苦，使自己成為貧窮與不幸的人恥笑的對象。

你侵犯或是干預了別人的權利，你變得看不清別人也同樣擁有跟你一樣的權利。

在你所擁有的金錢中，沒有一分是透過誠實工作取得的，只有不斷地欺騙得來的。在你累積財富的時候，只能讓更多的家庭妻離子散或更多的人成為孤兒，或是摧毀別人的機會。

你的孩子不再將你視為僅次於他們母親的最好朋友。

在你全身心投入工作時，幾乎讓家人變成陌路人。

你秉持著想索取一切，卻又不想有所回報的原則。

你對金錢的貪婪，讓你妻子的生活顯得淒慘不已，讓她失去了必要的休息與娛樂，或是任何形式的休閒活動。

你緊張的工作，讓你的神經衰弱，精神得不到放鬆，這已經讓你成為家庭的破壞分子，讓那些與你一起工作的同事對你反感。

你所樹立的「榜樣」不斷地將別人絆倒，你的不公與專制讓許多人走向絕望，摧毀他們對人性的信念。

你以暴怒來迎接孩子的友善，不願意與他們作伴，不願意在他們成長階段，給予他們友善的鼓勵與指引。

你剝削那些為你工作的員工的合法權益，然後還裝成像慈善家那樣，給他們一點你非法所得的零頭，或是假裝捐給一些慈善機構。

28 品格墮落的表現

你對平庸的自己感到滿意。

平庸的生活泛不起你內心的波瀾。

你開始覺得，自己的父親是一個過時的守舊者。

你在聽到下流的故事時，內心沒有半點憤慨。

你安於馬馬虎虎地做事，並不期望自己日後能做得更好。

你不再像以往那樣，將母親視為自己的知己，和她在一起時顯得不安。

你心裡對整日用敷衍的態度工作不再感到愧疚；馬虎完成的工作，也不再像以往那樣讓你內心掙扎。

你在毫無制度、混亂的環境下，竟能心安理得地工作，不再像過去那樣會及時改正。

你的夢想之火開始慢慢冷卻，不再像以往那樣，以嚴格的標準去要求自己了。

你開始與一些之前絕對不會帶到你家裡來，或是一些羞於讓你家人知道的人交際。

29　不要嫁給這樣的男人

性情悲觀的男人。

鋪張浪費的男人。

性情怪異或是缺乏平衡的男人。

性情浮躁的男人。

自私、卑鄙與吝嗇的男人。

不願意主動工作的男人。

不重視承諾的男人。

喜歡抽菸的男人。

唯一的目標就是賺錢的男人。

心智脆弱、軟弱或是柔弱的男人。

在家是霸王、在外是毛毛蟲的男人。

認為女人的存在只是為了讓自己舒服的男人。

認為不喝酒、不賭博就是懦夫表現的男人。

對妳的理想與希望缺乏共鳴的男人。

總是為不能準時赴約找藉口的男人。

認為只有在婚前才需要討好女人的男人。

鄙視別人的宗教信仰、女人的美德或是任何神聖事物的男人。

認為女人的精力就該全部投入到家庭的男人。

對男女分別採取兩個不同標準的男人。

因為覺得跟妳太熟悉了而不尊重你的男人。

除了工作之外，對任何事情都顯得冷漠、缺乏同情心的男人。

一旦稍稍被惹惱，就會大發雷霆、說些褻瀆話語的男人。

　　總是想到自己，並期望其他人能夠等自己的男人。

　　將所欠的賭債視為一種光榮的債務，卻不願償還裁縫師的修改服裝費的男人。

　　認為自己就該擁有造物者所賜予的所有特權，並試圖逃避自己的責任的男人。

　　因為遇到了一個更讓他感興趣的女人，就忘記原先婚約的男人。

　　對於自己養家糊口的能力，缺乏清醒與現實認知的男人。

　　延遲交房租，卻花大錢來購買昂貴香菸的男人。

　　認為有一間舒適的房子，很多食物可以吃與很多衣服可以穿，就能滿足一個女人的男人。

　　言行舉止粗俗與魯莽，品味低下的男人。

　　認為哪個女人要是嫁給自己，就是上輩子修來的福分的男人。

　　為人總是鬼鬼祟祟，掩藏自己的行蹤，生怕展現真實自我的男人。

　　向自己男性朋友展現自己多麼受女性歡迎，並認為沒有女人能抵擋自己魅力的男人。

粗暴地對待自己的姐妹，認為沒必要對待她們像對待其他女性那麼好的男人。

總是談論著當「老長輩」死後自己能做什麼，談論自己所能得到的財產的男人。

讓懷孕女人搭乘公車時，拉著扶手，而自己卻坐在位置上，悠閒地看著報紙的男人。

認為香菸、酒精與其他讓人消沉的東西都是必需品，但卻認為給妻子一點零用錢，就是奢侈做法的男人。

總是一副盛氣凌人的樣子，為人武斷專橫，壓制弱者與手下，卻在權貴面前點頭哈腰的男人。

自己無所事事，卻讓辛勤的母親或是姐妹照料他，或是去從事一份自認為與自己身分不相配的工作的男人。

讓妻子向他乞求每一塊錢，並要妻子告訴他這些錢有何用途的男人。

30 不要娶這樣的女人

喜歡嘮叨的女人。

懶惰的女人。

水性楊花的女人。

不能控制脾氣的女人。

不喜歡小孩與動物的女人。

不注重衣著整潔與衛生的女人。

喜歡欺騙與不真誠對待朋友的女人。

喜歡小題大做，喜歡怒氣沖沖地說話，喜歡凡事憂愁的女人。

對求婚者彬彬有禮，對家人卻惡言相向的女人。

不懂得節省，對金錢的價值缺乏概念的女人。

只想聽到別人對自己的讚美，討厭聽到別人讚美他人的的女人。

言語舉止顯得粗魯、盛氣凌人的女人。

從未想過自己的母親需要到外面走走，娛樂一下或是調劑一下生活的女人。

在客人面前打僕人耳光或是大聲批評、羞辱他們的女人。

在公共場合憑藉暴露的服裝、大聲的說話與笑聲來吸引別人注意的女人。

缺乏慎重思考，並聲稱即使別人說自己閒話，自己都不在乎的女人。

家庭的其他成員都需要看她的臉色，以避免讓她突然脾氣暴躁或是大吵大鬧的女人。

不惜借債都要訂製衣服、購買珠寶或是鮮花，給人一種錯誤的印象的女人。

希望家人努力讓自己感到愉悅，而不是努力讓家人感到快樂的女人。

認為自己的家非常普通，但卻不願意努力使之變得更加舒適好看，讓客人盡可能坐久一點的女人。

認為閱讀報紙或是自我提升是毫無意義的，但卻花錢購買那些毫無價值的小說來看的女人。

總是遲遲不到餐桌吃早餐，穿著老式的服裝，頭髮蓬亂，抱怨或是責備所有人、所有事的女人。

把一切好的東西都據為己有，讓自己顯得非常好看，而母親卻只能穿著縫補過的衣服的女人。

自己出身貧窮，只想跟那些有權有勢的人交際，卻羞於帶上自己的母親，或是不邀請朋友到自己家裡，告訴他們自己住在富人區的女人。

不願工作，只是覺得這樣會降低自己在朋友眼中的地位，認為幫忙家計不是自己該做的，或是羞於讓朋友知道，自己必須要靠工作才能生活的女人。

認為母親一人能承擔所有的事情，不尊重母親，總是忽視母親的存在，讓母親像奴隸那樣工作，穿得像個乞丐，畢恭畢敬地伺候著自己，而自己卻無所事事，穿著名貴的服裝，或是安逸地躺在床上讀小說的女人。

時常為自己「俗氣」的父母感到羞愧，總是為他們說不好英文而道歉，為他們不懂禮儀或是陳舊的思想而責備他們，並說他們已經是老古董了，聲稱現在已經和他們當年所處的年代不一樣了，人們的思想更加自由，女孩應該更加自主的女人。

31　他事業成功了，但做人卻失敗了，因為 ——

他停止了成長。

他局限於自己的工作。

他從未學會如何面對陽光。

他只顧著賺錢，卻讓心靈飢餓著。

他對於不能兌現成金錢的事物毫無情感。

他從未學會如何去除工作的負累。

他不知道該如何高尚地生活，而只是生活在底層。

他將自己的工作僅視為謀生的方式，而不是享受生活的途徑。

他因為冷漠而失去了早年建立的友情，且沒有時間去培養全新的友情。

他從未學會如何享受一些小事情，不知道如何從平凡中看到閃光點。

他讓生活成為負累，感受不到生活的樂趣與收穫。

他的本性沒有得到半點發展，只是如何賺錢的能力得到了開發。

社交讓他感到厭煩，小孩讓他感到厭煩，音樂與戲劇對他好像是另外一個世界的東西。

他從未學會如何享受生活的賜予，總是延遲享受幸福的時間。

他不敢昂首挺胸，在公共場合發表演說，或是有所舉動，似乎自己的人生，會完全被這些事情所決定。

他透過各種途徑來發展自己的商業能力，但卻從未想過要錘煉自己的心智，或是讓自己成為一個更為宏大的人。

他只讀關於市場報告的文件，從來不讀雜誌或是報刊，也幾乎不去閱讀其他的書籍。

他已經從工作職位上退休了，卻發現必須要努力尋找屬

於自己的樂趣，實際上他早已扼殺了自己享受的能力了。

除了實現自己的利益外，幫助別人、回報社會的思想，從未閃過他的腦海。

娛樂、休閒或是各種有趣的活動，都曾被他看成是浪費寶貴時間的邪惡做法，他認為這些時間應該用來賺錢。

他在商店或是工廠裡是一個巨人，但在其他地方卻是一個侏儒。在畫室裡，他顯得那麼不安與尷尬，就像一頭發怒的公牛衝進了瓷器商店。

他沒有妻子，也沒有孩子，朋友也少得可憐，但他卻小氣得要命，只顧著囤積自己的財富，好像某些重要的事情需要他這麼做。

除非他覺得自己能從某人身上榨取一點東西出來，否則他是不會對別人感興趣的。如果他不能從別人身上看到金錢的影子，他馬上就會放棄與這個人的交際。

他能自如地談論關於商店的事情，但卻不能在工作之外任何有意義的話題上，發表任何有見解或是富有智慧的觀點。

他對政治與政黨一無所知，因為他覺得這些東西無助於自己的生意 —— 這就是他衡量一切事物的標準。

他粗魯地拒絕了任何用於慈善目的的捐款或是慈善工

作，並失禮地這樣說：「如果那些人像我這樣，就不會需要別
人的幫助了。」

---

32 假期有用嗎？

從你的力量泉源那裡汲取能量，難道不值得嗎？

增強你的創造力與獨創力，難道不好嗎？

讓你更好地掌握自己的工作與職業，難道不好嗎？

讓你重拾自信與健康，難道不好嗎？

難道你不想暫時緩解一下一年來的傷痛與苦楚嗎？

難道一個充滿活力與力量的大腦，沒有比一顆渾渾噩噩
的大腦好嗎？

難道讓你緊繃的肌肉鬆弛下來不好嗎？

難道更好地掌控自己的人生，並且增強自己做好工作的
能力，不好嗎？

讓血液中流淌著血性，從高山上吸取花崗岩那樣的堅毅
的力量，難道是不值得的嗎？

重新煥發你的活力與輕盈的心，讓年輕的自然與熱情表
現出來，這樣不好嗎？

　　遠離你那嘮叨、讓人惱怒的性情，吸引更多的人，而不是排斥他們，這樣不好嗎？

　　讓自己變得更加陽光與愉悅，增添生活的樂趣與幸福，這難道沒用處嗎？

　　遠離因為繁忙的城市生活而產生的一些狹隘的偏見、仇恨或是羨慕，不好嗎？

　　難道最充分地利用上天賜予我們的天賦，讓自身的能量與活力幫助你發展自身，這樣不好嗎？

　　培養我們的觀察能力，學會從「流淌的小溪中讀書，從石頭上看到道理，從一切事物中讀到美好」，這難道不值得你去追求嗎？

　　讓生活充滿美感，從水聲發出的淙淙聲中，享受片刻的寧靜，以及從大自然中聆聽數以千計的各種聲音，這難道不值得你去追求嗎？

　　成為一個更為全面的人，擁有更為廣闊的事業與人生閱歷，難道不比只是一部工作機器，以同樣的節奏年復一年地工作更好嗎？

　　難道用少量的金錢，投資到健康與快樂中去，沒有比你吝嗇於投資對身心來說極為重要的東西強多了嗎？

　　難道花點錢，讓自己暫時自由一下，遠離之前的煩憂、

鬱悶或是惱怒，遠離之前的陳規或是老路，重新獲得新的觀點，這不好嗎？

難道遠離一下城市的鋼筋水泥，到鄉村那純淨與不受汙染的空氣中，重新煥發自己的能量，是不值得的嗎？

難道你滿懷著希望去面對工作，沒有比你像一個不情願的奴隸那樣消沉地工作，也沒有比你低效率、斷斷續續或是懷著悲觀的心情去做事情好嗎？讓自己始終保持健康、自信與樂觀的心態不好嗎？

讓那些之前只顧著工作、神經緊張，和總是趴在桌子上工作的人，暫時遠離一下辦公室或是商店，給自己放個假，讓疲憊與不安的神經，能夠得到健康與安全的休整，給自己帶來愉悅的感覺，而不是惱怒的情緒，難道這樣做不值得嗎？

只為了節省你收入的 5％，決定今年不去度假，而讓自己明年在持續的壓力下造成神經衰弱，必須要花費你薪水的50％去看病，支付醫療的費用，還不算被迫躺在病床上浪費掉的時間，你說值不值呢？

33 你能永保青春嗎？

要始終保持年輕的心態。

盡量避免展現出各種恐懼的行為。

不要在自己生日的那天，覺得自己比昨天老了一歲。

不要只因為自己的年齡，或是想著自己在慢慢變老，就覺得自己已經很老了。

不要使用各種刺激的藥物，那些東西只會縮短你的生命。

保持陽光的心態。任何美麗或是甜美的東西，都不可能在黑暗中成長。

自然有助於我們的復原，自然的精神是永遠年輕的，與自然站在一起，向它學習，好好愛它。

避免各種過猶不及的行為，這樣的行為只會給你帶來傷害。若想長壽，必須要過上有節制與規律的生活。

不要讓任何事情，打擾你日常工作與休息的時間，要有充足的睡眠，特別是二十一點前入睡的「美容覺」，一定要保證充分的時間。

無論什麼天氣，每天都要在戶外進行定期的鍛鍊，你可以散步、騎單車、划船、游泳或是打球。但是無論你從事什麼鍛鍊，都要盡可能地在戶外進行。

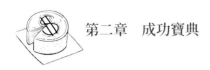

時常到鄉村走一趟或是出外旅行，有助於清除我們心靈的灰塵。

不要只看到事情的灰暗面，對任何事情都盡可能保持陽光的觀點。一顆充滿陽光的心靈，會趕走所有的陰影。

養成知足常樂的心態。所有的不滿或是憤懣，都只會讓你未老先衰，在你的額上刻上深深的皺紋。

不斷地吸收新鮮與富於活力的思想，保持心靈永遠處於年輕的狀態。不斷地培養樂觀、愉悅的性情，保持一顆健康的心。

保持室內與室外空氣的純淨，對健康與長壽來說，都是極為重要的。絕對不要長時間待在有害或是沉悶的房間裡。

愛是生活中所有疾病最神奇的治癒者，也有助於我們增強自身的能力，提升對這個世界的美好認知。如果你想一直從年輕之泉中汲取養分，就要與愛為伍。

避免憤怒、不滿、匆忙，或是任何可能消耗你活力，或是過度刺激你的東西。任何讓你感到煩憂，讓你失去內心平和或是造成失眠的東西，都會讓你未老先衰。

不要因為自身年齡的暗示，而讓心靈僵化身體的肌肉。年齡只是一個心理狀態，是由你對自己心靈所處狀態的認可組成的。你的心靈年紀有多大，你就有多大。

　　不要好高騖遠。過度的欲望，已經讓許多人失去了生活的幸福快樂，讓許多人的壽命不斷地縮短。

　　不要過分顧忌自己的尊嚴，放開手腳，與小孩子一起忘情玩耍吧！給予他們充分的愛意，讓他們也愛著你，如此一來，你會增加自己的壽命的。

　　保持有魅力的思想 —— 要有和諧的思想，追尋真理的思想，無邪的思想，年輕的思想，愛的思想與善意的思想。

　　讓身心養成平和、鎮靜與沉著的習慣。不要讓任何事情打破你的心靈平衡。專注於人生的人，通常可以活得很長。

　　保持忙碌的狀態：懶散是年齡的一大朋友，卻是年輕人的一大敵人。有自己的工作與心靈的調劑，這對保持年輕有著神奇的作用。

　　我們每天都要去欣賞一些美麗的藝術品，秀麗的自然景色，或是閱讀一些富有高尚精神的詩歌或散文，讓美感充溢我們的生活。

　　不要與那些年齡與自己相仿的人相比，也不要覺得自己應該看起來跟他們一樣。

34 你的成功釋放出什麼資訊呢？

假設你已經取得成功。

那麼，你的成功釋放出什麼資訊呢？給世人傳達出怎樣的訊號呢？這種資訊是充滿希望、讓人愉悅的，使人振奮或是追求高尚，還是讓人想到貪欲或是自私呢？

你所擁有的財富，對這個世界意味著什麼呢？對那些幫助你取得這些財富的人來說，這又意味著什麼呢？—— 是否是一個更為宏大、或是狹隘的人生呢？他們的希望是否在這個過程中被埋葬，他們的夢想是否被扼殺，他們的機會是否被粉碎，他們的前程是否被毀掉呢？你所擁有的機會，是否與別人的代價相仿呢？

你打算怎麼處理你的金錢呢？你打算怎麼花你的金錢呢？你是用來讓自己變得更加上進，還是讓自己墮落呢？

你擁有的金錢對你來說意味著什麼呢？這對你來說，是否意味著可以幫助別人、自我提升、接受更好的教育，接受文化的薰陶，不斷拓展自己的視野，從書籍中得到更多的知識？你所擁有的金錢，是否為你在幫助別人上帶來了更好的機會呢？你是否會用來擴大自己的影響力，成為一個對社會有用的人呢？你的金錢是散發出慷慨大度，還是卑鄙的氣息呢？你的金錢是讓你目標更加高遠，還是讓你過上以自我為

中心的狹隘生活呢？

你的財富就是一塊尚未雕琢的大理石。你從中看到了什麼呢？是天使、還是魔鬼，是人、還是野獸呢？這對你是只意味著低俗、殘忍的娛樂或是自私的生活，還是更有機會去幫助別人呢？

35 這樣的時代終將到來 ——

有能力去工作卻不願工作的行為，將被視為一種恥辱。

每個人都知道自私最終會讓一個人失敗。

自己富有是以別人更窮為代價的行為，將被視為一種恥辱。

黃金法則將成為商界最保險的準則。

無論男女，都將遵守相同的道德準則。

真正的快樂，只能從做對的事情中得到，只有美好才是真實的東西。

商人覺得自己最好的利益，就是要顧及買賣另一端的人的利益。

所有的仇恨、報復或是嫉妒的心理，都會被視為一種回飛鏢迴旋鏢，最終讓傷害別人的人自食其果。

隨意取樂別人，或是剝奪無辜弱小的生命的行為，將被視為野蠻與殘忍的。

每個人都將成為自己的醫生，身上都有自己的解藥 —— 只有心靈才是萬能的解藥，而不是藥物。

所有的人都將意識到，錯誤的行為不會帶來真正的樂趣，因為隨之而來的刺痛，會讓我們表面上的歡愉，失去一切樂趣。

這個世界有充足的東西可以銷售，不需要施捨給任何人，其所需要的價格，就是購買者所能給人類提供的最好服務。

人們將意識到，壓制與懲罰並不能讓人悔改，我們的監獄將會變成一座富於教育性與人格塑造的地方。

人們將發現，身體與化學力量的本意，是讓我們擺脫身體的所有負累，讓心靈免於所有為了生計而奔波的負擔，讓我們可以更好地生活。

沒有人會說這個世界欠他一個美好的生活，因為這個世界沒有虧欠他任何東西，任何東西都是他靠努力去獲得的。這個世界只虧欠那些殘疾或是不能自理的人，一個美好的生活而已。

當受賄者中飽私囊，利用大眾的無知而貪汙，穿著名貴的服裝，過著奢華的生活時，就會被正義以同樣的方式懲罰，就像一位庸俗的強盜將一個人擊倒，搶走了他的錢包。

「最好的社會」將由富有智慧、教養與成就的人組成，而不是由那些主要價值與個人名聲，都是建立在非法占有別人所得、浪費別人財富的人組成的。

一個人會因為懷著諸如囤積非法的財富，只是想成為富人的毫無意義的野心感到可恥。女人們的生活，不再只是為了穿衣，或是將時間浪費在愚蠢與讓人疲憊的娛樂中，再也不會任由自己沉湎在這些所謂的「樂趣」中。

那些吃著不勞而獲得到的麵包，或是穿著自己未縫一針的衣服的人類「寄生蟲」，消費著別人辛辛苦苦生產出的產品，在別人汗流浹背工作的時候，自己卻過著奢華的生活，摧毀別人的希望與夢想。這些人將被視為人類最大的敵人，必將被所有的人所排斥。

 第二章　成功寶典

第三章　經商寶典

　　對每個商人而言，有一條必須遵守的黃金法則就是，「讓自己站在顧客的立場去思考」。

　　信任是巨大的資產。我們是根據別人的可信度來給予信任的。

　　沒有比欺騙更讓人反感的了。當一個人對我們撒謊，我們知道後，就永遠都不會再相信他了。

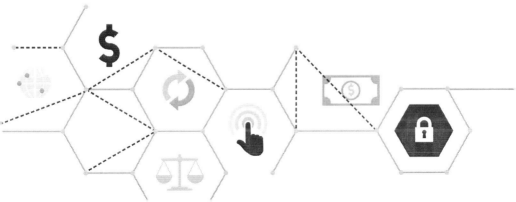

01 心念富足

事業取得成功的首要因素，就是要期望成功。

「我們這裡談論富足。」一走進紐約一間辦公室，我就被這樣的標語震住了。我對自己說：「這些人之所以富足，是因為他們心心念念著富足，他們不承認貧窮，或是承認缺乏他們所需要的東西。」

讓夢想成真的途徑，就是要堅持自己認同的想法。若想讓富足的思想展現出來，就要在心靈中時刻堅持這種想法。有數以千計的人，正是憑藉對這一偉大原則的認知，擺脫了貧窮。我們開始意識到，生活就是我們心中所不斷堅持的想法，與勇往直前追求的呈現。

前陣子，我聽說一間公司以發函的形式，告知所有在外出差的銷售員，說他們的生意很慘澹，處於遠遠落後的狀態，希望所有的銷售員，能努力將企業拉出所陷入的坑裡。

這樣的一封信，只會讓那些原本可以做到最好的銷售員感到灰心喪氣。他們會對自己說：「如果公司面臨什麼困難局面，或是走投無路，這肯定是公司決策層的問題，不可能是銷售員的問題，因為我們和其他那些在外面出差的銷售員都非常優秀。」

這個公司的做法是極端短視的。很少有人能在缺乏鼓勵的氛圍下繼續工作，每個員工都希望能在一個成功的公司裡工作。

我所認識的每一位成功商人，都不會談論自己生意很差之類的話題。他們不會讓自己深陷於事物不良的一面。你也不應該去談論市場不景氣或是時勢艱難。學會說些樂觀的話，而非沮喪的話。很多商人都慢慢成為抱怨者與挑剔者，對他們來說，時勢總是那麼艱難的。另一些商人則陷入了悲觀的陷阱裡，無法從任何事情中，看到陽光與成功的喜悅。這些人都不可能取得成功。成功就像一株需要精心呵護的植物，成長的過程中，需要鼓勵與陽光。

我們會慢慢成為我們內心所希望、渴盼與追求的樣子，我們也會漸漸成為我們所厭恨、鄙視或是習慣性否認的人。後者會逐漸失去對人生的控制，無法控制自身的性格，最終變得沒沒無聞。

我們要堅決否認那種認為自己是貧窮的，是塵埃中可悲的受害者、軟弱者，只能躲在黑暗裡忍受著紛爭的想法，堅持認為真理與美感能占據生活的人，一定會擁有個性帶來的神奇美感。那些被你一直抵禦的思想，最終會從你的意識中消失，從你的生活中滾出去。

　　第一次與人見面時，我們就可以很容易地判斷他對人生的看法。我們可以判斷此人是不是悲觀之人，或是以往不幸的遭遇、沮喪是否讓他灰心，抑或他對每個人都抱著猜疑的心，還是相信人性友善的一面。如果他告訴我們說，自己相信每個人都有一定的命運，我們就知道他的視野出現了一些問題。但如果他是一位樂觀、積極與充滿希望的人，便會相信人生的賽跑沒有終點，或是為自己生逢其時，以及在世界上最好的地方出生而感到慶幸；如果他相信自己的同事，他們就可知道他擁有健康的人生觀，能以正確的態度去面對人生；如果他面向陽光，像向日葵那樣追隨著陽光，他就不會身處黑暗的陰冷，影子只能總是跟在他身後。

　　我們相信那些對生活充滿自信的人，相信那些認為所有錯誤都只是暫時的人，相信那些認為所有紛爭只是因為缺乏和諧，實際上並不存在紛爭這回事的人，相信那些認知到黑暗只是因為缺少光明，健康才是真正的現實的人。

　　世上沒有比黑暗、陰鬱與沮喪的心靈，更能癱瘓一個人的創造力了。任何一項偉大的創造性工作，都只能由心懷樂觀的人去做。

　　對失敗的恐懼與對匱乏的懼怕，讓多數人無法獲得他們想要的東西，讓他們逐漸失去活力，讓憂慮與不安消磨他們的能力，因為富有效率與創造性的工作，對於成功的渴望是

必需的。

那種認為世上沒有足夠的東西供給所有人，所以大家必須要絕望、自私地獲取他們想要的東西的想法，這對個人與整體社會的進步來說都是致命的。

造物者的本意，不是讓人類來到這個世界，只是為了有限的食物而產生紛爭，就像他原本就沒有賜予我們足夠多的食物一樣。這個地球上，不存在哪種東西是人們渴望追求並為之奮鬥、富有價值的東西，對每個人來說是會不夠的。但是，無論你到哪裡，那種鬼魅般的恐懼，那種對於匱乏幽靈般的恐懼，都會橫亙在你與自身目標之間。任何被這種想法困擾的人，都無法成就大事業的。當人缺乏信心與自信的時候，是不可能成就偉大的事業的。只要有相信我們能夠做好眼前的工作的想法，那麼你已經成功了一半。

那些心靈總是充斥著疑惑、恐懼與不詳預兆的人，肯定無法從事有效率的工作，只會永遠被這種不幸的心態所牽絆。

人類的心靈，除非能以希望的旗幟指引，才能成就大事。當金錢、朋友、聲譽甚至所有一切都遠去的時候，他依然能追隨心中的旗幟。

有些人只能彈奏「小調」。他們可能還沒有意識到這一點，他們的心靈與話語中，有種下降的趨勢。所有的一切都

是讓人沮喪的 —— 商業蕭條，前景黯淡，他們總是覺得前面充滿了未知的挫折。當他們年輕時，一切都不像他們之前想的那樣。他們無法獲得任何有力的幫助，所有一切似乎都處於可悲的狀態。

我認識不少這樣的人，他們的信件內容總是充滿著悲觀的情緒，他們的人生就像颱風來臨前的雲層，一片黑暗，無論到達哪裡，都會給人造成恐怖的災難。

養成這樣的心理習慣，是人生最大的不幸。

所有事情都取決於我們對事情的看法。在面對同樣的災難時，我們發現有些人們依然很務實地生活著，在看似失敗裡，看到了未來的成功，看到了未來的富足生活。無論在哪裡，都能看到這種積極昂揚的生活態度。

言談間不要貶低自己的工作，因為沒有人比你更清楚其中的沮喪。你那些時運不濟的人生經歷，會對別人的心靈造成影響，覺得你就是一個不幸的人。

每當你重複過去不幸的經歷、過去的煩惱、考驗與失敗時，你就在自己的心靈中刻上更深刻的黑暗圖片，你原本應該永遠忘掉這些經歷的。

在人生早年養成樂觀的人生態度，養成從最糟糕的事情中，看到最好的一面的習慣，這是人生難以言喻的幸福。

　　想想那些從生活中有所收穫的人，都是滿懷勇敢的心和希望去面對，並對生活中的事情懷著感恩的心，他們深信多數人都是誠實的人，擁有著人性的閃光點！

02　有效的制度能夠 ──

　　有效的制度會縮短實現目標的路程，讓心靈免於無窮無盡的困擾與不安，無須顧慮太多細節與煩惱，做事毫無節制的人，則常常會遇到困擾的事情。

　　任何煩瑣的細節，都無法讓他分神，工作時不會浪費時間，辦公室不會顯得喧囂，每位員工都各司其職，給人有力量與有效率、既平衡且安靜的印象，讓他的工作無須那麼費神。他不需要事必躬親，不需要追問每件事情的細節。那些擁有最佳工作方法的人，能擠出更多的時間。他的商業進度都依照自己制訂的工作計畫完成。他的成功，並不仰賴於他每時每刻的掌舵。他學會了如何授權，如何讓員工按照自己的意志去實現工作的計畫。

　　有不少商人透過讓員工按照制訂的可行的計畫去完成工作，讓自己的能力得到了數百倍的提升。但是，有很多人不知道如何讓別人按照自己的計畫去做事情，不知道如何透過

有制度的計畫，去增強自己的能力。

　　很多商人能制訂制度與計畫，增強某個員工的能力，這樣他就能取得數倍的成效。他能讓身邊的員工的能力增強數倍 —— 透過幫助他們制訂切實可行與富於遠見的計畫。在他身邊的每個人，都專注於去實現這個計畫。當某人經過一間大公司時，會驚訝地看到每個職位的員工，都專注於自己的工作，好像他們代表著整個公司的利益。你能迅速獲得關於這家公司的細節。每份文件都整理得井然有序，每項交易都清楚登記，每個包裹都被檢查過，最細小的錯誤都能予以糾正。

　　有時間的話，到那些缺乏制度的企業去看看，所有事情的完成都靠運氣，管理者沒有制訂計畫，在前進的過程中，也不去制訂計畫，只是想辦法去應付一時的需求。這些管理者時常感到緊張、不安、分神，與缺乏足夠的競爭力，就像一隻殘缺了翅膀的小鳥，想飛卻又飛不起來，總是在奔跑，但卻又那麼匆忙。他們沒有時間與朋友交流，他需要讓員工不斷地幫忙，催促每個人做更多的工作，或是獲得更多的幫助。因為缺乏適當的工作方向與計畫，所以很多的事情都事與願違。如果他的員工總是處於忙碌工作狀態，而且一刻也閒不下來，但他仍是覺得員工必須要做更多的工作，事實上，與之相反的做法才是正道。員工們一次又一次地做著重複的工作，一半的員工都只是在敷衍了事。員工的精力都浪

費在沒有制度與計畫的工作上，從一開始就不知道該如何去實現工作目標。

對於管家來說，這也是同樣的道理。不久前，我去一位著名女作家的家裡拜訪，這是我到過最雜亂無章的家了。所有的物品到處亂放，當然，孩子們也跟著媽媽有樣學樣，將脫下的衣服到處亂扔。整個房間就像一個垃圾場。

制度會讓人養成有效率的做事習慣，讓人有始有終，不會讓人敷衍了事、半途而廢。

有一個老闆，他想讓自己做事情更有制度，但做起來卻毫無章法可言，也不知道該做到什麼程度。他的員工總是到他的辦公室尋求工作指示。

他經常搭高鐵，但他不會將車票放在口袋裡，以節省找票的時間，相反的，他一個月還要到售票窗口買十幾次票。而且，他還時刻注視著時間表，心想著原本有那麼多票，為什麼此時卻一張都找不到。

此人的鄰居則有一張時間表，所有的事情都為高鐵的出發時間讓步，他將票放在口袋裡，總能準時趕上高鐵，而其他人則總是因為不知道將票放在哪裡而費時尋找。

如果你想要清晰地了解並對一位商人有準確的判斷，只要看看他的辦公室就可以知道。如果所有的物品都是雜亂無

章，使用過的東西到處亂放，如果他的文件與紙張沒有整理好，他總是要費事地尋找一些東西，你就可以肯定，他不是一位工作思路清晰與做事有計畫的商人。

沒有比雜亂無章與沒有秩序更具傳染性了，這通常會讓公司的每位員工都深受感染，並且士氣低落。

制度與計畫──

會讓人做事更加平衡，心靈更加平穩，也更為樂觀。

會讓你清除心靈的蜘蛛網與灰塵。

會讓人迅速找到他想要的東西，而不是在苦苦的尋找中，浪費寶貴的時間。

會增加你的商業盈利，減少你的開支。

會提高你的做事效率，延長你的人生，讓你覺得生活更有價值。

增強員工對你的尊敬感，讓你更加受歡迎。

讓你更加高效率地去做更多的工作。

讓平庸的人比有能力的人，取得更重大的成就。

能提高你的工作效率，因為這會增強你的自信。

能增強你的自尊、自信，因此也會增加別人對你的尊敬與信任。

　　會簡化許多讓你煩惱的細節，讓你更加自由地從事更為重要與創造性的工作。

　　會節省工作成本，這樣就不需要重複地做一些事情。

　　會讓你變得更加隨和，因為心靈的困惑會讓腦袋忙不過來，只會加劇緊張，因此也容易讓人感到悲觀。

　　會讓你有休閒時間。一個擁有組織能力的人，有時間去拜訪朋友，去參加娛樂活動，去旅行，因為制度與計畫行之有效，為他節省了時間。

　　會讓你更好地運用以往的經驗，讓你免於商業陷阱與商業災難。

03　讓陽光駐進心靈

　　喬治・麥克唐納說：「如果我能將一抹玫瑰色的夕陽，進駐一個人的心靈，我感覺自己就像與上帝同步了一樣。」那些與上帝一起工作的人，就是將自身效率發揮到極致的人。那些將陽光灑進員工心靈的老闆，不僅是他們最好的朋友，也有助於其他人的發展。

　　懷著陽光與愉悅心情的員工，在充滿善意、鼓勵的氛圍中，會比在充滿嚴厲批評與吹毛求疵的環境中做得更好。

　　沒有比你在公司傳播陽光與愉悅的氛圍，能讓你收獲更多的投資了。責備、吹毛求疵、批評與催趕的工作方式，並不能更有效率。

　　很多人以不自覺的冷漠、批評以及吹毛求疵的工作方式，扼殺了自己的事業。這樣的做法，讓滿懷希望的年輕人失去希望，扼殺創造力，讓工作成為一種負累，喪失了原本的樂趣。

　　先不談為你服務的員工，盡可能地感到愉悅與心靈充滿陽光，給你帶來的好處，這其實就是你所應追求的最佳方法。你非常清楚，一匹時常被皮鞭鞭打而前行的馬，會感到焦慮與不安，沒走多遠，就會感到疲憊，而那些被溫柔與友善對待的馬匹，則能走得很遠。無論男女，都有一種傾向於友善的天性，在這點上，我們與動物是沒什麼區別的。要是你時常責備員工或是惡語相向，你很難期望員工能滿懷熱情、充滿激情地為你工作。

　　所謂能量，只不過是熱情的另一種稱呼而已。當你的員工處於沮喪或是陰鬱情緒時，每次當你經過他們身邊，總能聽到你的抱怨時，他們怎能充滿能量地為你工作呢？

　　員工在工作時，有權利感到快樂，免於憂慮與不安，對於自己與家庭的明天，不需要感到擔憂，也有權利在一天的

工作後，享受樂趣、消遣與娛樂。

員工有權利獲得的薪水，理應在滿足他的基本生活需求之後，能讓他不斷地學習與成長。

上天從來沒有讓工作成為一種負累，他的旨意就是讓工作成為一種樂趣，我們在那些充滿道德陽光、和諧與善意的企業中，發現了這點。正是在這些企業中，我們發現員工們創造了最佳的業績──不僅在數量上，而且在品質上也是如此。

無論是心靈的陽光或是外部世界的陽光，都是所有有益、強壯、圓滿與向上力量的泉源。外部世界的黑暗與陰鬱，製造了等級與雜草，滋生了生病與無法結出果實的植物。心靈世界的黑暗與陰鬱，則讓員工的手變得軟弱無力，讓他們的努力沒有實效，讓他們變得渺小、效率低下與沒有生產力。

無論你對員工採取怎樣的態度，都會回饋到你自身與你的事業上。要讓員工樂於見到你，用笑臉與充滿愉悅與陽光的話語去鼓勵他們，你會驚訝地發現，這樣對你個人會有怎樣的幫助。你的憐憫心與鼓勵的話語，不僅不會被他們忘記，他們之後的回饋行動，也會讓你收獲到比之前付出更多的人格成長。

　　養成在工作中傳播陽光與愉悅心態的習慣，關心員工的個人福利，點亮他們的生活，這會增強你的憐憫心，讓你顯得高尚起來，增強你對社會的價值。事實上，這也會讓你感到快樂，因為要是你自己沒有感到更加快樂與成為更好的人，你無法讓員工們快樂地為你工作。

　　你一定會感覺到難以言說的快樂與愉悅，感受到自己被員工所愛戴，他們仰望你、尊重與讚美你，這不僅是你最為有效的工作方法，也有助於你獲得持久的禮貌與歡樂。無論是從個人幸福的角度，還是商業投資的角度，或是站在幫助他人獲得普遍幸福的角度，你都會發現，無論在任何地方，都沒有比傳播陽光更能讓你獲得更高回報的事情了。

04　資本與工作力需要協調

　　當今這個時代，沒有哪位雇主可以完全依靠自己的能力，去從事商業活動，他不可能單靠自己取得成功，無論他個人擁有多大的能力與多麼雄厚的資本。今日的商業是一個需要各方面合作的活動，那些與時俱進的商人，都會將員工看成是自己的夥伴，他們不敢冒太大的風險，但就企業的成功本身而言，雇主與員工都是夥伴，誰也沒有足夠強大到能

在沒有與他人合作的情況下取得成功。

　　商人們開始意識到，要是他們與員工不能共同合作，會造成工作效率低下。如果雇主與員工同心同德，像夥伴那樣合作工作，彼此都重視企業的利益，而不是覺得他們之間存在一道鴻溝，彼此間的利益存在巨大的分歧的話，那麼，企業的工作效率將得到巨大的提升，可能會再引發一次工業革命。

　　對於員工來說，只是試圖不斷地保護自己的利益，在不同工會上強調他們與雇主之間存在分歧，是讓人遺憾的。他們不自覺地擴大了彼此之間的鴻溝。

　　卡內基曾這樣說：「工作力與資本永遠都不要相互為敵，解決之道就是要利益共用。每個員工都應該是企業的擁有者，這樣的話，彼此間就不存在什麼矛盾。如果我回到鋼鐵行業，這將是我做的第一件事。我會與員工們分享利益，每個員工都應該獲得屬於自己的那份利益。我認為這是防止工作力與資本間，產生分歧最重要的一步。」

　　讓員工感到自己對企業的成功發揮著重要影響力，這是非常重要的。任何能夠保證員工對企業的熱情與忠誠的做法，都將是非常重要的投資。

　　雇主開始慢慢將員工視為企業的資產。因此，他們將員工們納入帳簿，將他們視為企業的資產。

讓員工在適宜的位置工作，讓他們擁有保險，獲得豐厚的薪水、抽成，晉升的前景以及公司的股份——這些都是讓員工安心工作的重要方法，也能保證企業實行最完善的管理制度。

一位雇主曾說，他的利益共用系統，在五年內讓業務員團隊的流動減少了 35%，讓企業員工的流動減少了 50%。

因此，員工會重視公司的利益，不容易出錯，也不會製造劣等產品，更能減少彼此間的摩擦，促進生產。

雇主開始意識到，所有的銷售員工，特別是在他們與顧客達成合約的時候，員工就是代表著他們的雇主，員工讓顧客感覺到自己的利益與老闆的利益越相近，顧客就會覺得這家企業的未來越來越繁榮。無論你從事什麼工作，無論你擔任什麼職務，都要擁有自己的個性。要展現你真正的自我，透過外在的舉止表現出自己的才華。要鼓勵員工們這樣做，在企業內部要增強自己的個性，要注意不要干擾到員工的獨立性。

商人們開始明白，人與人之間交流的重要性。將來的雇主與員工將會前所未有地進行合作，發現彼此的利益其實是一致的，要是缺乏緊密的合作，誰也別想能夠在今日的商界裡取得成功。

　　林肯說：「一間內鬥的房子必將倒塌。」如果一家企業的雇主與員工，將時間浪費在爭論與僵持上，這意味著企業就是一間內鬥的房子，而這樣的房子必將倒塌。

　　纏繞在一起的電線組成的電纜，與數目相等但彼此分開的電線之間，存在著巨大的差異。

　　很多企業的雇主與員工，就像是優質的電線組成的電纜，能夠承受巨大的重量。而在另一些企業裡，他們就像是分散的電線，根本不存在共同的目標。因此每個人都只顧著自己的利益，想著要怎樣才能將自己的利益最大化，對別人的利益毫不關心。這樣的企業一旦遇到艱難時勢或是恐慌時，必定會分崩離析，而那些像電纜一樣團結的企業則不會崩潰。當時勢艱難，他們會緊緊團結起來。如果產品在貨架上賣不出去，他們也會想盡一切辦法去贏得銷售量。

　　因為企業的老闆與員工缺乏真心的合作，很多大企業都浪費了許多有才之士的能力，很多能力根本沒有被開發出來。老闆們根本沒有想過，要如何喚起員工們的鬥志，開發他們的潛能。在很多企業，員工們連 25% 的潛能都沒有得到發揮。很多有能力成為主管或是經理的員工，依然還在櫃檯後面銷售東西，因為他們的能力沒有被老闆開發出來。

　　如果你的老闆無法激發你的潛能，那麼你的老闆就不是

一個好老闆。

　　雇主們，你應該讓員工覺得，在幫助他們如何處事方面，你應該是他們最好的朋友。你應該讓他們覺得你是他們的老師，是他們職涯上的建議者。你的以往的經驗對他們來說，有著重要的價值。你提供他們的有用的建議，應該包含你過去從經商經驗中總結出來的智慧。所以，你有能力讓員工們少走許多彎路，少犯幾次錯誤，不像你曾經那樣跌倒。你的智慧應該給員工們指明一些快捷的方式，讓缺乏經驗的員工免於在原地踏步。

　　未來的雇主會將員工視為他的家庭成員，與他共事的男女員工，都將接受他最好的培訓，這樣他們才能在日後的生活中，獲得最可能的成功，而他的夥伴們也會盡全力，去幫助他成功。

　　換言之，彼此間互助、雇主與員工間的合作，將是未來成功企業的重要特徵。

　　今日成功的商人，正在研究合作的祕密。誰也沒有強大到可以忽視這一事關企業存亡的重要細節。

　　約翰‧沃納梅克之所以能成為世界的商業巨擘，很大的原因是他身邊有很多聰明的人，不少人在很多方面甚至比他更有能力。在他早年的事業裡，沃納梅克會聘用他能找到的

最優秀的員工，給員工支付的薪水，通常要比自己的收入還高。

　　馬歇爾·菲爾德也擁有讓聰明的人聚集在自己身邊的天分。他總是尋找那些具有商業天才的人。很多讓他取得商業成功的想法，都源於他的員工。他總是就如何提升企業發展，諮詢員工的建議與想法。他有著利用別人的判斷形成自己想法的天分，知道任何人都沒有足夠的能力，去覆蓋整個商業世界。

　　偉大的執行者透過利用其他人的經驗，節省了許多的時間。我認識一位精明與冷靜的商人，此人的大腦就像海綿。當他與員工交談的時候，總是不斷接受他們提供的事實與建議，而他則將這些建議轉化為他自己的智慧。

　　很多老闆在授權後取得了成功。只要他們能夠看到企業的所有事情，知道所有的運作細節都正常的話，那就可以了。而對另一些老闆來說，一旦要他們授權給員工，就會感覺自己迷失了。他們不知道如何選擇對的人，不知道如何權衡與評價一個人，不知道如何將適合的人，安排在適合的職位上。

　　拿破崙堅持英雄主義，最終慘遭灰飛煙滅的失敗。他知道如何挑選傑出的將軍，但他沒有讓將軍與自己同心。他為

人過分自私，不願意與他人合作。他總是與屬下保持一定的距離，想憑一己之力去完成所有事情，而不是依靠人與人之間的合作。

有位大銀行的總裁，他想要單靠自己一人支撐銀行企業，想當然不可避免地遭遇失敗。這家銀行的員工都知道，如果誰敢批評老闆，馬上就會被炒魷魚。任何的計畫與行為，都要經過他的批准。每個員工都知道，自己之所以能身處這個職位，是因為自己對老闆的話言聽計從，不管是正確還是錯誤的，員工們都不會給予反對。無條件地服從，就是這位總裁想要的。他可恥的失敗，主要有以下兩個原因——一是，誰也沒有足夠的能力，去處理所有的利益關係，與處理銀行事務的所有細節；二是，缺乏足夠的資本，去吸引別人的投資。

現在這個時代，一人作戰的企業若想取得成功，已經越來越難了，因為誰也無法去管理那麼多層面，讓企業持續地保持正常的運轉。遲早，這個人與他的企業會到達他的極限，雖然他本人野心勃勃，但也會受困於自己的能力。

誰也沒有足夠的能力，去了解商業運轉的全部知識。卡內基說過，自己的成功，是因為他知道如何聘用優秀的人才，這些人甚至懂得比他還多。他說：「我能夠讓別人去做一些比我自己去做取得更好結果的事情。」

很多最成功的商人之所以勝利，是因為他們有能力，讓那些比他們懂更多的員工為他們服務，顯然，這樣的企業更加地有希望。

雇主與員工間的關係，正一年年變得越來越親密、友善。他們相互之間的理解，比以前更加深入，過去隔離他們的牆正變得越來越薄。

我不知道還有比老闆與員工間親密無間的合作，能給老闆帶來更多回報的事情了。

這個世界的經商方法發生了多麼革命性的變化啊！半個世紀前，資本家的殘忍自私，似乎還是通用的法則，一方欺騙一方，還顯得那麼理直氣壯，只要這樣做不被別人發現的話。如果今天的商人，將要與員工利益共享的想法告訴之前那些人的話，他們一定覺得這是讓企業走上一條毀滅之路。但是，現在這種做法被認為是最佳的商業模式，最終也會解決老闆與員工之間的矛盾。未來的雇主將員工視為商業夥伴，發揮彼此的才幹，共同進退，取得商業上的成功。

05　除了薪資之外，你欠員工的……

　　想對一家企業的老闆有所了解其實並不難，即使你從來沒有見過他，只需要觀察一下他的員工 —— 員工們在工作時候的精神狀態，看看他們是充滿熱情，還是漠不關心周遭的事。老闆的行為舉止、經營模式，都可從他的員工行為中得到展現。他的理想、習慣與性格，都會在他的企業中得到展現。如果他為人吝嗇與卑鄙，那麼這家企業就會充斥著讓人窒息的氣息。如果他為人友善、大度且樂觀，像關心自己的福利那樣關心員工的福利，那麼，員工的臉上也會反映出這樣的善意，會給予公司提供更好的服務。

　　很少老闆能意識到，他們自身的品格與個性，都會在手下一大群的員工中得到反映，很多年輕的員工都會跟著老闆有樣學樣。

　　你的做事方法，你的是非觀念，你是否為人誠實 —— 這些都會給你的員工留下深刻的印象。你是怎樣的人，你的員工也會變成怎樣的人。

　　員工們很自然地向他們的老闆看齊。他們對那些從一個窮苦家庭出身的孩子，透過不斷克服困難，成功地創造自己的事業的人非常崇敬。

　　你是否想過，身處高位，意味著你在教育或是幫助員工

成長方面，負有重要的責任。

　　如果你擁有更好的機會，你就承擔相應的義務。你聘用的那些出身卑微、窮苦且沒什麼經驗與知識的員工，無論男女，都有權利獲得你的幫助，獲得你的鼓勵與激勵。你是否想過，這些窮苦的員工也是在幫助你，讓你實現自己的目標，讓你過上好的生活，難道你不應該讓他們也這樣嗎？其實，你並沒有專屬特權，給予你的特權也可能是給予別人的。有很多老闆不斷阻礙著員工自我個性的成長，害怕自己對員工的影響或幫助，會讓他們走向高尚與有才之道。他們以為那樣做，就可以讓員工始終默默無聞地為自己工作了。

　　不少企業的老闆根本沒有意識到，自身會帶給員工或好或壞的影響。雖然，員工與老闆的關係並不密切，但是年輕的員工，還是將自己老闆視為榜樣，以此樹立自己的商業道德準則。年輕人總是喜歡模仿，會很不自覺地形成自己的理想、道德觀念與舉止，這些都是根據他們所處的環境，以及他們老闆的行事準則來慢慢形成的。要是你做事具有系統的方法、行事迅速、自律且專注於商業，這很快就會成為員工的行事準則。你的幽默感、誠實以及在交易時堅守公平交易的法則，都會喚醒員工們內心的共鳴，讓他們不斷地效仿。

　　另一方面，與那些缺乏工作方法、猶豫不決、拖拖拉拉、充滿疑惑或是缺乏系統性的老闆共事，則會讓這些東西

成為年輕人性格中的一部分。你那些有問題的計畫，見不得人的私下交易，或是說些欺騙顧客的話，時刻準備著撒謊與隱瞞真相──這些都會動搖你的道德基礎，讓良心的老師漸漸遠去。隨著時間的推移，你的腦海就會忘記，慈愛的母親在將你送到這個社會時的諄諄教導，忘記原本該如何取得成功。

直接了當的工作方法，對你的員工而言，不僅意味著成功與失敗間的差別，而且還會造成外部世界的巨大差異。

老闆對現代社會出現的很多不良風氣負有責任。一家企業老闆的個性與理想，會慢慢地滲透到整個企業的每個層面，影響每個人，甚至連收銀員與辦公室的工讀生，都會受到影響。他們的行為彰顯了企業老闆的商業道德。一個好的老闆會成為好的公民；而一個粗暴、充滿壞心思的老闆，會讓很多人成為不良公民。

分析一群在不同企業工作的年輕人，並對他們進行歸類，其實並不難。他們的行為、言談與氣質，自然而然會將他們定位出來。

無論員工到哪裡工作，他身上都會殘留著他所工作過的企業的氣質。這就是在他身上難以抹去的東西，源於他曾經工作過的企業的老闆。

如果你的企業聘用著許多年輕的員工，其中很多人日後都要從事自己的商業。如果你對工作三心二意，那麼從你的企業走出去的員工，就會帶著你這種偷懶的工作方法，這反過來又會傳遞給那些為他們工作的員工。這是一個惡性循環。

後來你可能會知道自己的性格以及商業方法所存在的弱點，在很多曾經替你服務過的員工的企業中不斷出現，就像是感染了天花或是霍亂一樣，接觸到這樣企業的員工都會受到感染。

在工作中有著系統化的工作方法、公平的交易，與最優秀的商人打交道，沉浸在誠實的交易氛圍中，這種微妙的影響，會進入員工的大腦與性格中。這些東西會被企業的員工學習到，然後帶到難以計數的企業中去，影響著數以千萬計的人。員工就像是蜜蜂，他們的蜂蜜受那些花粉的影響。不同地區的蜂蜜，味道是不一樣的，每一種都有獨特的味道。員工會不自覺地受老闆的性格與周圍環境的影響。有些老闆採取一些伎倆去欺瞞公眾，做一些虛假的廣告，毫無個性的經營方法，這些方法不知被多少企業所效仿，又損害了多少員工與消費者的利益。

想像一下，一個年輕人在蒂芙尼企業做了幾年學徒，另一個年輕人則同時在一家二流的珠寶企業做學徒，這家企業

用黃銅代替黃金，它們之間的差別將會巨大吧！這樣的交易培養了以次品充數的習慣，以虛假的產品去欺騙消費者，這樣的做法，影響人的品格與未來的事業，讓人變得膚淺，讓人自然地看輕真理的重量與真誠的價值。

我認識一位天賦極高的年輕人，但他的自然天性，卻被那種卑鄙或是斤斤計較的工作方式嚴重損害了。他曾為一個不敢決斷的老闆工作，此人總是為一些小事而煩惱，將雞毛蒜皮的小事看得非常重要。因此，這個年輕人也養成了這樣的習慣，因為低俗、卑鄙以及吹毛求疵的工作方法是具有傳染性的。他很快就成為一位能力平庸的人了。

一位員工能否取得成功，並不完全取決於他的天賦如何。一位脾氣暴躁、自私的老闆，通常會摧毀那些天性敏感的員工的創造力，這些員工顯得很軟弱與自我封閉，不敢擁有自己的主見。

很多女性員工都依賴於她們的老闆，是因為她們的薪水微薄，以及必須要養家糊口。如果她們失去工作，就得要等幾個月的時間，才能找到工作。她們害怕被父母責備的心態，常常讓他們總是忍受老闆的責罵或是卑鄙的行為。

很多貧窮女孩的工作，是極度無聊與沉悶的。她們的工作沒有一點陽光、歡樂與調劑。不幸的是，她們的家庭生活也是如此。一個健康、普通的女生，應該心存許多浪漫的情

懷，如果這種情懷持續被壓抑，在社交或是普通的娛樂中得不到釋放的話，那麼她就有有可能成為那些自私與殘暴的老闆的獵物。

雇主們，你必須要讓你的員工獲得積極的影響，不讓他們受到不良的影響。這些內容應該寫進你與員工的合約裡，盡可能地讓他們免於接觸低俗與不道德的影響，或是任何可能會損壞他們個性的想法。

今天，在失敗大軍中有很多的人，要是一開始他們在離家幾個街區遠的企業中工作時，遇到一個富有憐憫心與友善的老闆，而不是嚴厲與沒有情感的老闆的話，那麼，他們都會取得成功。

06　讓每一天的工作都變得甜美

雇主們越發了解到，在企業營造愉悅與富有希望的氣氛的重要性，這會大幅提高員工的工作效率。

一家大企業的老闆，在早上八點到八點三十分期間，讓數以千計的員工獲得正確的心態，讓他們臉上帶著微笑去工作，而不是皺著眉頭。員工們將這稱之為早晨的激勵，視為某種讓他們獲得一天好心情的鑰匙，因為這讓他們一天的工

作都感到甜美。

　　一天之計在於晨。早上你有什麼心態，會影響你一整天的心情。早晨你感到內心和諧或是不滿，這會持續一整天的。我認識一位商人，他有著暴躁的脾氣，為人吝嗇，喜歡吹毛求疵。他經常破壞員工一整天平和的心態與舒適的感覺，他習慣了突然大發雷霆並說些不堪入耳的話語。公司的每個人都害怕他，員工們的舒適或是不快，完全取決於他的個人情緒。我覺得自己還從沒見過一個像他這樣，讓所有人都覺得如此悲慘的人。

　　此人與員工的關係，總是處於水深火熱之中，員工也在不斷地尋找其他出路，只是將他的公司視為跳板，因為員工也感到工作得很不開心。他運用過時的那種像對待奴隸般的管理方法，對很多與時俱進的商人來說，那些方法早已過時了。

　　此人不想看到員工在午餐時間開懷大笑或是顯得歡樂的樣子。換言之，他的工作方法就是不斷地催趕與壓制。結果就是，他無法讓員工自發地工作。很多員工都覺得，工作是一種負累。

　　我認識另一位商人，他的企業離上面那位商人的公司並不遠，可他對員工的影響則與上面那位仁兄差異甚大。他非常關心每位為他工作的員工的福利，他為人友善與周到。如

果一位員工生病了，他會跑去慰問，送上鮮花。如果他看到員工 —— 特別是女員工 —— 看上去有點憔悴，似乎需要休息，他就會建議她們去休幾天假。結果是，他與員工的關係相處得很融洽，員工願意為他做任何事情。在繁忙的時候，很多員工都自願留下來加班，或是早上提前上班，隨時準備幫助他，因為他一直關心著他們的福利。結果是，他比上面那位老闆擁有更為優秀的員工。他不僅讓員工發揮自己最大的才能與熱情，而且還讓他們對自己的成功充滿期盼。換言之，他將員工的潛力都挖掘出來，因為他滿足了員工的利益。

他的員工隊伍非常穩定，因為幾乎沒有員工願意離開，他們在這裡工作都感到開心與快樂。他也為員工在午餐或是休閒時間，提供許多便利與舒適的舉措，這是很多其他老闆所做不到的。他會在假日或是幾天連假裡，給予員工意想不到的小驚喜。換言之，他想盡一切辦法，讓員工「緊密團結在他身邊」。

很多員工覺得他是他們最好的朋友，將他的企業視為自己的家，他們滿懷熱情地工作，沒有絲毫被別人催趕或是有負擔的感覺，還感覺到自己對公司能發揮真正作用的成就感。

不少為這位商人工作了許多年的員工說，他們從未聽他說過一些不友善的話語，也沒有責罵過他們。他說自己不需

要這樣做，因為員工正不斷努力去做正確的事情。他友善地對待員工，讓他們對違背自己感到羞愧，不想說些損害自己聲譽的話。很多員工都覺得自己就是老闆的夥伴，看到老闆的成功，他們也覺得非常高興，好像他們自己成功了一樣。

在早晨讓員工對一天的工作感到有趣，給予他們一種善意、和諧以及誠實工作的感覺，與那些從早上就讓人感到自私或是催趕的方式，兩者之間的反差是巨大的。

雇主應該意識到，照顧員工的利益，關照員工的福利，這是一種很正確的做法。我認識一家企業的老闆，他們之前十四年都沒有發過紅利，一年前他們下定決心，要徹底改變之前的經營模式，盡最大的努力去激發員工對工作的熱情。他們開始不斷做出各方面的改進，以先進的管理模式，代替過去僵硬的方法等等。他們聘請了一位廚師去幫員工準備午餐，煮咖啡，或是在他們生病的時候給予照顧。在戶外遊玩時，這位老闆還會租賃一艘船以及一支樂隊，去做各種讓員工盡可能感到開心與愉悅的事情。

執行新政策的第一年，公司分發了超過20％的紅利，這是十五年來公司首次發放紅利。

你會發現沒有比鼓勵你的員工，提升員工的工作環境，更讓你獲得豐厚的回報，帶給你那麼多的滿足感，讓你取得

成功的方法了。

　　就在最近，我聽到一位雇主說，他花費鉅資裝飾自己的私人辦公室，讓其顯得更加吸引人，因為他說自己的效率很依賴周圍的環境。而在同一家公司，很多員工卻在陰暗的燈光下工作，在陰暗與狹窄的地方工作，那麼他們肯定無法發揮自己的最佳潛能。因為他們的老闆從沒想過在員工作的地方開一扇窗。

　　很多雇主沒有意識到，只是因為缺乏對員工的適當照顧，沒有顧慮到他們的感受，或是缺乏必要的鼓勵，就會造成員工的工作效率下降、生產率不高的情況。

　　雇主們，你是否意識到，如果你需要一個充滿藝術氣息與吸引人的環境去工作，去收獲最好的結果，那麼你的員工會不需要嗎？你沒有感覺到，當他們窺見你豪華的私人辦公室時的眼神有點陌生嗎？你就如此短視的根本沒有顧慮到員工的舒適與快樂感受，不願意花費一點錢，去改善一下員工的工作環境嗎？你是否想過，你的員工有沒有像你這樣的環境需求呢？

　　你要做的，就是將多一點陽光灑進員工的生活裡，讓他們過得比以前舒適、快樂一點，這不僅會讓你感到快樂，也會增強員工的工作效率，更別說員工對你的感激之情了。

07　比皮鞭更好的推動方法

當一位老闆催促自己的員工去工作，員工就只能渾渾噩噩地工作，就像一群奴隸在皮鞭下勞作，無法進入自己的最佳狀態。真正重要的是那種發自內心的自願服務，而非強迫性的工作。

很多商人開始慢慢意識到，現在的管理方法，比以往那種責罵、催趕或是不時督促員工的做法優越許多。如果你能讓員工自願地做到最好，那麼，你的工作就有了強有力的幫手，員工的工作效率也比之前提高許多。

商人們開始意識到，任何可能讓員工感到不悅的事情，讓他們心靈感到不快或是不滿的事情，都是有害無益的，會浪費他們的能量、寶貴的精力，要是使用正確的方法，這會轉化為巨大的效率。

他們發現友善、周到、欣賞員工的優質服務和激勵，都是激發員工高效率工作的重要方法。他們發現猜疑只能獲得猜疑，信任會得到信任，同情會得到同情，而冷漠只能得到冷漠。這些都意味著服務的浪費與損失。

如果你與員工的相處困難，試試在原本該嚴肅的時候變得友善，試著去關心員工的福利，而不是一味地指責或是批評他們，你就會發現這是最有回報的投資，其他的任何投

資，都不會給你如此高的回報，即便是從金錢角度來看也是如此。更重要的是，你會意識到自己獲得了員工的愛與尊重，他們的愛戴、尊敬與信任，會帶給你更大的滿足。難道這不比你壓榨他們獲得一點點小回報，卻讓你失去他們的尊敬更加重要嗎？

雇主們，你沒有權利因為你的肝功能紊亂，而將自己的憤怒發洩到員工身上，只是覺得這樣做可以讓自己舒服一點，就冒犯別人。你沒有權利用諷刺與鄙視的言語，去諷刺你的員工，這與你在背後捅他們一刀，其實沒什麼區別。

讓別人覺得你殘忍，這是你最懦弱的表現，因為那些受傷的人，無法給予有效的回擊。

不要讓員工害怕你的出現，而是要讓他們見到你感到很高興。用一張笑臉去鼓勵他們，用友善的話語去溫暖他們的心，你會驚訝地發現，員工們也會友善地回應，他們會以更好的工作來回報你，你也會感覺很舒暢。

當一個人犯錯或是做錯了事，你要友善地指出。這樣做會產生非常神奇的效果，更不要失去任何一個表揚員工做得好的機會。

半個世紀前，很難找到一個關注員工福利的雇主，也沒有人注意到員工的心態問題。但是今天的雇主慢慢發現，任

何可能引起員工興趣、讓他們感覺快樂與滿意、覺得心生舒暢的事情，都會得到員工加倍的回報，讓他們獲得更為平穩的心態。

如果你在他們心中播下荊棘，就很難收穫到玫瑰，以及他們尊敬與友愛的甜蜜與芳香。如果你為人自私自利，那麼員工也會消極怠工。如果你的員工覺得你不關心他們，只想從他們身上榨取什麼東西的話，那麼他們也會那樣對你，只關心自己的薪水，偷懶讓自己過得舒適一點。

員工的尊敬與敬愛，對你來說是非常重要的。你的成功與失敗，很大程度都掌握在他們手上。他們經常能改變局勢，決定著你是生意興隆，還是一敗塗地。讓員工感到快樂與滿足，最終必定會得到回報的，因為這將大幅度地增強員工的工作效率與品質。

當我們感到幸福，內心處於和諧的狀態時，我們能最有效率的工作。當我們內心不悅、心中不滿或是覺得有所不快的時候，就不能有效率地專注於自己的工作，而專注正是取得成功的祕密所在。我們的心理機能一旦遇到不和諧的東西，就會出現反抗。我們都知道，一個頑皮與內心不滿的小孩，如果時常遭受責備，要他去完成一件事情是非常困難的。他肯定會時常把事情做錯，而當他感覺快樂的時候，就會把事情做得很好。

嚴厲、自私與像對待奴隸那樣催趕員工的雇主，幾乎沒有意識到，他們的工作方法其實讓他們損失嚴重，也讓那些為他們工作的員工效率低下。

人類的心靈都是需要自由的，員工們一定要感受到某種自由、滿足與和諧，否則他們是不會做到最好的。

你的員工就像你的小孩，你怎樣對他，他就會怎樣對你。要是你自以為是、妄自尊大地對待自己的兒子，你能期望他對你敬愛嗎？同樣的道理一樣適用於你的員工。

如果你不能讓兒子保持自信、尊嚴與友愛，你就會失去對他的影響力。同樣的道理也適用於員工。對於一般的員工而言，生活一般都是比較艱苦的，要是他覺得自己的雇主是他真正的朋友，關心他的福利，希望看到他逐漸富有，那麼他肩上的擔子就會輕許多。

要是不能最好地對待員工，你也別想讓他們付出最有效益的服務。自私與貪婪會讓你的員工也這樣對待你。如果他們知道你對他們的福利漠不關心，沒有給他們提供火災求生通道或是災難保險的話，你的想法就是以最小的投入，去榨取員工們最大的回報，這樣，員工是不會付出最大的努力的。

要是一個員工知道，你最大的目的就是想榨取他身上的服務，只把他當成是為你服務的工具時，你又怎能期望員工，能以最好的狀態為你服務呢？

正是溫煦的陽光才能讓花蕾綻放，散發芳香與展現美麗。要是遭遇寒冷與冰霜的襲擊，它們就會凋謝。用壓迫的手段去讓員工為你服務，這是非常短視的。

員工們都是和你一樣的人，要是你總是以自私自利與貪婪的念頭去對待他們，你怎能期望他們對你保持忠誠與奉獻呢？

對雇主而言，最持久的力量，莫過於讓身邊的員工不僅尊重自己，還要讓他們因為自己友善的行為、關心他們的福利、希望員工能在這個社會上出人頭地的想法而去努力工作。很多雇主都沒有意識到，一群快樂、滿意與自尊的員工，所能產生的巨大能量。

沒有比友善、周到、對他們情感加以照顧、對他們不足加以憐憫、對他們福利真實關切，能讓你獲得更大的回報了。

08 全新的商業哲學

人生就像一條走廊，人來人往，彼此交談，不時迴盪著我們的聲音；人生就像一面鏡子，反映出我們的面貌。如果我們微笑，就會獲得微笑的回贈，如果我們皺眉，也只能得到皺眉的回報。

員工們的人性與你的是一樣的。

很多商人似乎認為，只要支付員工薪水，給他們工作的機會，就覺得自己該做的已經做了，並希望員工能發揮自身的最佳潛能。他們希望用自己的冷漠，能夠換取員工們發自內心的熱忱。除了薪水與給予員工工作的機會，他們似乎認為，每位員工都只是為了金錢而工作，每個員工都應該給出一樣的回饋。但每個從商的人應該都知道在交易時的一個道理：物以類聚。

雇主們，你也知道自己深受自身情緒的影響。當事情似乎出現差錯，當你遭受損失或是遇到困難，當你的產品都留在貨架上賣不出去，當你的支出超過收入的時期，雖然你之前得到優秀的培訓與人生經驗，但你也知道在這個時候，要保持自己的勇氣與愉悅，是多麼困難的一件事。人們都是自己情緒的受害者。優秀的員工在事情順利時，都會很開心，但他們卻無法忍受失望的沮喪。但是，很少雇主知道友善與讚美所帶來的神奇效果。很多員工勤奮努力地工作，就是為了獲得老闆的表揚或是賞識，這是薪水所無法給予的。很多員工遇到的困難，在他們看來似乎是難以克服的。可是他們通常都沒有培養像雇主那樣的人生哲學，要有耐心地忍受困苦。

雖然你曾經遭受過損失，但你可能還有一個溫馨的家庭與不動產，這些可能是你不曾損失的；雖然你可能生意蕭條，

但你的很多員工，可能只有少得可憐的積蓄，去應對困難的日子，他們的未來前景似乎非常黯淡。很多員工都缺乏足夠的文化修養，只是希望能過上好的日子，但在遭受生病、死亡或是別人的欺騙後，為了生計，只能去做艱苦的工作。

雇主們，要是你不能最好地對待員工，就很難希望員工能拚命為你賣力，他們會因此而不願誠實地為你出力，不願意將熱情、知識、想法與真誠投入到工作中去。如果你沒有很好地照顧他們的利益，他們也不會全身心地為你服務。這並不缺乏科學根據，你只要從你的員工身上，就能看出這樣的道理。

憐憫心喚起憐憫心，冷漠只能得到冷漠，關心能換來關心，友善也能得到友善的回應。要是雇主能夠試著去了解員工的家庭狀況，了解一下這些員工是否有患病的父母，或是殘疾的哥哥或姐姐，這些家人是否依賴他的薪水來維持生計，可以的話，就要給予一定的幫助。要是雇主能夠喚起員工的鬥志，鼓舞他們的士氣，幫助他們不斷提升自己的能力，就能得到員工給予的最好服務。

很多雇主只能得到員工很小一部分的服務，因為他們喚起了員工內心最糟糕的一面，而不是最優秀的一面。要是我們遇到友善的人，自然會友善地給予回應，遇到喜歡批評的人，我們也會以批評的心態，去看待這個人，責備也只能得

到員工的暗地責備，我們在內心自願的時候，才能做出最好的成績，而不是靠強迫的方式。

員工並沒有像你那樣，有相同的動力去支撐信念、努力地工作。你的成功，你意識到的力量，你對人生的熱愛，都讓你在人生道路上不斷奮勇前進。但很多員工除了獲得薪水之外，就再也沒有其他的工作動力了。很多人更看重雇主能說幾句友善的話語，給予周到的關心，能給予他們一些鼓勵與欣賞，這樣，他們的動力就不僅是你支付的薪水了。

員工能迅速感知你對他們的感覺。他們很快就知道，你是否放棄了自己本該去做的事情，或是你對他們的利益非常關心。

一根蠟燭在點燃其他蠟燭的時候，並不會失去自身的光芒。要是你對員工的問題給予一點幫助，讓他們知道你的經驗，你也沒有半點損失。你給予他們越多的幫助，他們也會越多地給予你幫助。你越關心他們的利益，他們也會關心你的利益。

有兩樣東西是每個雇主都不能失去的，那就是員工的尊敬與信任。如果他無法做到這點的話，就會遭受難以彌補的損失。當員工失去了對你的尊敬與信任，他們就不會像之前那麼賣力，也不會像之前那樣對你充滿敬意。

吹毛求疵、嘮叨與貶損的話，這些都會讓員工產生壓抑的情緒，不用過多久，你不僅失去員工對你的尊敬，也失去了自尊。一位長時間被視為失敗者、一無是處的人，不用過多久，他也許就會認為，自己真的是一個失敗者，開始變得沒有自信。當他失去信心的時候，也就失去了將工作做到最好的可能性了。

那些喜歡給別人製造陰影、吹毛求疵、喜歡諷刺員工的雇主，這些人總是讓你感覺很不爽。不相信身邊的每個人，也就無法得到好的結果，也不能得到員工的優質服務。那些激勵人心者，那些讓人感到愉悅的人，散發出希望與鼓勵的人，對人總是說些友善的話語的人，總是準備為人提供幫助的人，這樣的雇主才能讓員工發揮自身的潛能。

人們對商業心理學的逐漸重視，也是這個時代充滿希望的一個訊號。在很多方面，我們都發現，那些說自己已經掌握了經商祕訣的人，在企業運作的時候，不會出現像以往的那種摩擦與憂慮，避免了分散自身的精力，不會讓他們未老先衰。他們彼此間能建立更友善的關係，與他們的合夥者以及員工，都能建立良好的關係。在這些企業裡，我們會感受到和諧的氛圍與友善的關係，而在之前的企業裡，大家都好像是陌生人似的。

人們開始明白物以類聚這個道理。甚至員工都知道自己

得到什麼，就應該回報什麼這個道理。如果我們能照顧別人的利益，我們就能得到自己的利益，如果我們對別人的利益漠不關心，最終也將一無所有。人們開始明白，對別人貪婪、自私與自我的態度，只會讓自己得到相同的回報。

雇主們似乎還沒有意識到，要是他們喚起員工最糟糕的一面，如果他們喚起員工卑鄙、狹隘的一面，這也是雇主自身品格的反映。所謂有其父，必有其子。你如果鄙視別人，就不可能期望別人能很好地對待你。你可能知道，你怎麼對待他們，他們也會怎麼對你。你皺眉，他們也會對你皺眉。雖然有時候員工會自我壓抑一下，或是隱藏內心的反感，但你肯定得不到微笑的。你的仇恨只能引來仇恨，他們可能不會公開地說出來，但他們心中肯定是燃燒著對你仇恨的火焰的。員工怎麼對你，就是你自身最好的反映，就是你怎麼對待他們的回音。

很多頭腦冷靜、精明的商人，在對待員工的事情上如此短視，真是讓人覺得非常奇怪。

他們在責罵與侮辱員工的時候，連想都不想，卻希望員工能夠以德報怨，能夠老老實實地工作，不論他們怎麼對待員工，都覺得員工仍會不餘遺力地為他工作。

我認識一位年輕商人，他似乎想讓身邊的每個人，都知道自己是老闆。「我希望你們知道，我是這裡的老闆，我付你

們薪水，我就是老闆。」或是「這家企業的員工，很快就知道誰是老闆。」他經常在自己的企業說這樣的話。

　　他沒有意識到，這樣霸道的行事方式，讓他與員工難以建立親密的個人關係。

　　他總是切斷自己與身邊員工之間心的紐帶，每個人都會疏遠他。

　　正是那些讓員工感到老闆的自信與信任，相信他們能夠成為高績效的人，有能力承擔責任，與員工保持親密關係的雇主，才能讓員工發揮最佳的潛能。上面那位年輕的商人，只能得到員工消極的服務，而不是積極、富有創造力與高績效的服務。

09　尋找巨人

　　最具規模的企業的主管，都在努力地營造一種成功的氣息，創造一個催人上進的工作環境，激發員工的上進心，讓他們鼓起幹勁不斷地前進。這樣做，只是為了喚醒員工們沉睡的才華，將他們的潛力全部激發出來。

　　雇主們開始意識到，大部分員工的能力都沒有得到發揮，因為這種能力從未被激發與喚醒已成為現實。與時俱進

的商人，開始將他們的員工，視為一個具有無限潛能的寶庫，他們開始知道員工的素養，決定著自己商業的成功與失敗。

我們經常能聽到雇主抱怨這個社會缺少優秀的人才。他們說要找到適合的人才真是太難了，事實上，他們企業裡可能就有很多具有這樣才能的員工，只是沒有被發現而已——這些員工之所以無法將自身潛能挖掘出來，就是因為他們沒有機會，去展現自身的才能，缺乏老闆的信任，所以潛能也無法被激發出來。他們的雇主沒能給予他們足夠的自信，也沒有讓他們擔當大任，沒有給予足夠的信任，不覺得自己的員工能將事情做好。

被別人信任，覺得自己有能力將事情做好的感覺，是非常神奇的，讓人覺得妙不可言！當別人信任與欣賞我們的時候，我們的潛能自然會被打開，不斷地拓展，迅速地成長。

這就是很多雇主所失去的重要資產。在許多企業裡，員工們超過 50%的潛能，都沒有被開發出來或是被加以利用，因為他們被錯誤的工作方法所壓制。許多雇主都在抱怨，為什麼優秀人才那麼難找，都在從外面尋找真正有能力的人，事實上，許多人才就在他所在的企業，只是沒有被發現而已。

　　當你的員工聽到你總是抱怨說找不到優秀人才，所以只能到外面去尋找經理或是主管的時候，這是讓他們非常沮喪的。但要是員工們知道，所有的提拔都會從員工內部中進行，這將是一種巨大的鼓舞。

　　在許多規模較大的企業裡，要說應該出現怎麼樣的改變的話，毫無疑問，企業內有相當多的員工有能力去管理企業，正如現在很多主管所做的那樣。

　　不要害怕讓員工去承受責任，你會驚訝地發現，他們很快就會嶄露頭角，激發之前從未展現出來的能力。無論在哪裡，年輕的人都迅速地脫穎而出，迅速取代那些能力不濟的人，擔當他們之前從未想過的職位。

　　很多雇主都無法洞察或是欣賞一個員工的能力，只有在員工開始展現才能的時候才發現。但要是他沒有機會的話，那他怎麼可能展現出來呢？

　　今天，也許在每一家大企業裡，都有數十個年輕人的能力，與他們主管的能力相當，他們要是擔當這些職位的話，也不一定會比現在的主管做得差，但是他們現在依然還在普通的職位上工作，因為他們都沒有展露出自己的能力。雇主朋友們，你們要注意一點，你要對自己聘用的員工的能力有所判斷，你永遠都不可能知道，他們中會有多少人，可能成

為日後的約翰‧沃納梅克或是史特勞斯，而現在他們正在為你工作。事實上，很多員工的能力都可能在你之上，以後可能取得比你更大的成就。

很多雇主原本可以讓員工們更加賣力地工作，卻因為始終不肯給予他們機會，去展現他們的創造力與個性，只能得到他們卑微、毫無裨益的工作。員工們都有自己的辦事方式，要是總是壓制的話，他們的工作也只不過是在做例行公事而已。

不少雇主甚至不允許員工們提出建議，他們覺得這是放肆的表現，也許，他們只想告訴員工乖乖安分守己、遵循命令，做好自己的工作就可以了。

扼殺員工的創造力，壓制他們任何獨創性的行為，都是極為短視的。沒有比讚美與欣賞，更能迅速提升員工的服務價值。只要讓員工們覺得自己是企業的一分子，那麼，整個企業就會煥然一新。

希望、鼓勵與欣賞，都是雇主手中掌握的重要資產，雖然他們很少意識到這點。很多雇主之所以失去這些資產，是因為他們總是讓員工處於沮喪與垂頭喪氣的狀態，所以員工們也不願意發揮自己的最佳水準，只是漠不關心地完成自己的工作。

一位能夠時刻激勵員工的雇主，相比於那些總是壓制員工的創造力、以批評與責備來扼殺員工希望與熱情的雇主，擁有太多的優勢了。

很多員工之所以感到灰心，是因為他們總是覺得自己一無是處，永遠也不可能成就什麼大事，這種自我貶損的心態，逐漸會削弱他們的勇氣，最後失去對自己的信心。

我認識不少年輕人，他們都認為在先前的工作上一無是處，似乎永遠都沒有什麼成就，但是在去到其他公司，離開了原先那家老闆並不賞識、且認為他們不能成大器的企業後，卻實現了跨越式的發展。在一位友善且信任他們的雇主的積極鼓勵下，他們的成長顯得非常矚目。

員工的忠誠，是一位雇主最重要的資產。他絕對不能承受失去員工忠誠所帶來的後果。只有一種讓員工忠誠的方法，那就是你要對他們忠誠。無論你想開發員工身上怎樣的潛能，無論你希望員工對你採取怎樣的態度，無論你多麼希望他們尊敬你，無論你想他們多麼為你著想，你只能始終抱著同一種態度，那就是「己所不欲，勿施於人」。

想一下，要是你擁有關心員工福利的聲譽，在他們生病、沮喪或是遇到麻煩的時候，讓他們感覺你是他們真正的朋友 —— 也許，還是他們最好的朋友，這才是你重要的資產。我認識一些因為家人生病或是去世而深感沮喪的員工，

他們的雇主卻沒有想過給予他們半點同情心。雇主從未想過諸如給那些生病的員工送花，或是參加那些為他工作多年的員工的葬禮。這些鐵石心腸的老闆，有什麼權利要求員工的忠誠與工作的熱情呢？

在你的員工裡，也許有不少人能力跟你不相上下，他們只是缺少一個機會與一點鼓勵而已。給人一句鼓勵的話語，就會讓他不斷地自我提升、不斷地發展，最終可能展現出前所未有的潛力，也許連他自己都不知道。

很多有能力的年輕人缺乏主動性。如果他們獲得機會與鼓勵，他們就能勇往直前、成就大事；要是沒有這樣機會的話，就只能依賴別人，做一些卑微的工作。

很多原本週薪達到 3,000 美元的員工，卻只能當個週薪只有 400 美元的下屬，因為他們沒有被給予足夠的自由度，潛力得不到發揮。

10　誠實在商業中的角色

很多商人，都覺得在商業交易裡採取矇騙或是欺瞞行為，是難以原諒的恥辱，但他們卻都默許用他們的商品去欺瞞顧客，在這方面，他們顯得毫不猶豫。

他們以次級品充當良品，銷售各式各樣的假貨，卻在貨品的包裝上，貼上各種誘惑的標籤吸引顧客。一些貨品上貼著「法國製造」，事實上卻是在中國製造的，或是貼上一些錯誤的標籤，他們早已印刷好了數以萬計這樣類似的標籤。很多企業都在大規模地仿造外國的標籤。香水、酒與香皂等等，都常常貼上法國的標籤，那些標籤的文字在語法上並不通順，常出現一些拼寫錯誤，任何一個學習過法語的學生見到後都會大呼：「假貨！」

這些商人花高薪聘請一些人，為他們的產品寫廣告語，他們知道這些廣告語就是用來欺騙顧客，讓他們對產品的品質與產地有所誤解的。

在與這些人的私下交際中，這些人不會想欺騙或是矇騙你，但他們透過廣告商來欺騙你，正如很多與大企業打交道的商人，在平時的交易中也不會欺騙你，但他們卻預設了廣告商對你的欺騙。

要是將假貨從我們的貨架上拿下來 —— 包括貼著虛假標籤的產品、盒子與標籤本身，將所有掩蓋低劣產品品質的標籤全部清掉 —— 一些貨架幾乎就會被全部清空。

商人什麼時候才能明白，世上沒有比告訴顧客真相更加強大有力的廣告了。

在經營企業的時候，相較於保持銷售誠實產品，準確地告訴顧客準確事實的聲譽，要比任何花俏的廣告詞都更為重要。讓你的企業建立在真相之上，那麼才能取得成功的商譽。

就連一個野蠻部落也曾有這樣一句格言：「小偷會捉到自己。」廣告人員應該知道一點，那就是欺騙與謊言會自然顯露，最終會傷害到自己。

很多大型商場的員工，都被教導如何欺騙顧客。這些商店總是在貨物上貼上欺騙性的標籤。諸如「出廠價」、「成本價」、「清倉大減價」、「結業倒數幾天」、「租期到了」——所有這些話語都只是為了換取一時的交易。住在附近地區的人們都知道這些話並不真實，也肯定不會到這些商場購買東西。

有不少表面誠實經營的商家都是這樣做的。在過去幾年的時間裡，我看到這些商店的產品，都覆蓋著欺騙顧客的標籤，誘導顧客認為他們的產品都賣出去了。

這些大型商場，常常在賣貼著「優惠大減價」標籤的產品給顧客。事實上，這些產品都是品質最低劣的那種廉價貨。他們時常用假冒的次級品充當正貨。一些商店的老闆還大言不慚地保證他們所銷售的產品能用好幾年，事實上，他們的

企業幾個月後就要倒閉了。他們為了逮住幾個傻瓜而盡最大的努力——據說，每分鐘都有傻瓜會上當的。沒過多久，他們的商店就會貼上新的標籤，專門為了吸引那些新傻瓜們的注意，說本商店的租期快到了，願意「虧本大拍賣」。

有一家企業在拍賣會上，以低價大批量買進了許多產品，再以廉價的租金在附近租了店鋪，然後貼出這樣的廣告語「被迫搬走」，奇怪的是，原因竟然是「由於租期即將到了」，他們願意「虧本大拍賣」。

許多商人最常用與最可恥的廣告宣傳語，都是在櫥窗上貼出這樣的標語，上面有兩組價格。最上面用紅色筆劃掉一個數字，下面則有一組強調減價30％後的價格，但是他們不敢詳細地說明其中的細節。

在大城市裡，類似這樣的廣告語多如牛毛，著實讓人震驚。想想這對那些在類似企業工作的員工所產生的影響。

世界上最著名的企業的立業之本，就是一定要考慮到「交易另一方的利益」。

對每個商人而言，一條必須遵守的黃金法則就是，「讓自己站在顧客的立場去思考」。

信任是巨大的資產。我們是根據別人的可信度來給予信任的。

　　沒有比欺騙更讓人喪失信任的了。當一個人對我們撒謊，我們知道後，就永遠都不會再相信他了。我們幾乎能原諒除了欺騙之外的所有事情。也許，這沒有嚴重影響彼此間的關係，但我們在商業往來裡，再也不相信曾欺騙過我們的人。而我們總會發現他們的。

　　我們到處可見不少商人在前進的道路上，以欺騙與不誠實的方法，阻擋自身的前進。每當嘗試欺騙別人的時候，都會絆倒自己一跤。

　　很多人都戴著面具經營生意，他們顯得很有手腕，為人精明與冷靜，想要無本萬利。他們帶著賭徒所說的「撲克臉」，要是覺得形勢對自己有利，就會盡可能地展現自己，希望顧客能看一下。我們發現那些油嘴滑舌與精明的商人，都喜歡這樣做，而抱著開放心態、坦誠與信用態度的商人，則沒有什麼好隱瞞的。我們會毫無保留地給予信任。

　　商人不願意與那些總是需要提防的企業打交道，而是希望在商業交易時，能感到信任與安全。

　　商業誠信是一種巨大的資產。為什麼在芝加哥大火中損失慘重的數以千計的商人，能夠很快地重整旗鼓，在金錢匱乏的情況下，依然能進入批發行業呢？他們以往的誠信，成為他們的銀行帳戶。很多商業機構說，這些都是誠實交易的商人，他們肯定會償還所借的金錢，而且不會拖欠，因為這

些都是勤奮工作的人，真誠地與所有的人打交道。他們擁有自己的誠信品格。誠信品格就是讓身無分文的人，能夠去購買價值數千美元貨物的硬幣。他們的誠信，沒有隨他們的商品在大火中燒盡，他們身上最好的資產，是大火與任何災難都無法破壞的。

「數千美元都貸給那些誠實的商人，」聖路易士銀行的主席，在銀行最近的一次會議上說，「因為這些人都具有很高的品格 —— 雖然他們不是很富有 —— 但他們不會去借自身所無法還清的錢。」在別人問道，是否擔心這些小企業有能力償還貸款的時候，他這樣說 —— 要給誠信貸款。

要是深受大眾歡迎，因為自己的富有與權勢而被別人羨慕，享有尊貴與直率的名聲，但自己卻時常覺得名不符實，每時每刻都害怕別人發現自己的真面目，害怕某些事情可能會揭露自己的真實為人，讓大家都看清楚自己，這樣的生活真是太恐怖了。但誠實之人則沒有什麼可怕的，也沒有什麼需要掩藏的，不需要對朋友說假話，而是過著自己清明的生活，不怕任何人的揭露。即使他失去所有的物質，也仍是讓人們對他崇敬與愛戴。任何事情都不可能損害他真正的自我，因為他以往的人生沒有汙點。

羅斯福說：「金錢與地位，都不能讓一個從事卑鄙、不誠實勾當的人變得高大。」

對很多人來說，有時候 —— 特別是年輕人 —— 他們可以在誠實的競爭與骯髒的財富中進行選擇。這在大城市裡特別適用，這也是對我們邁入奢華生活的一個巨大誘惑。如果我們能安於過上平淡的生活，正如我們的祖先那樣，就能挺起胸膛去面對這個世界，因為我們沒有欠任何人一塊錢，偷錢的人會變少，撬開保險箱的人也會銳減。剛走進社會的年輕人，一開始能忍受貧苦與保持自身的尊嚴，手中就握有了取得成功的最重要法寶。

11 當企業領導人變得放鬆了……

倘若任何人覺得自己的地位或是名聲很鞏固的時候，這是非常危險的時刻。過分自信是衰退的表現，也是逐漸走下坡路的表現。當我們努力為地位奮鬥，為實現自己夢想而努力，去獲得自己心中想要的東西時，我們才能發揮自己最大的潛能。

夢想是所有人工作富有效率的支柱，沒有了夢想，就失去了繼續前進的動力。這可能在很短的時間裡，摧毀一個人的目標。夢想的敵人總是在不斷潛伏，沮喪、恐懼、憂慮、懶惰與想輕鬆過日子的想法，選擇走最沒有阻力的道路，感

覺自己已經功名成就了，覺得自己已經出人頭地了，不再需要懼怕什麼對手了——所有這些想法，如果不能有效地加以遏制與防備的話，都會逐漸消磨我們的理想。

當一個人對自己這樣說「現在，我可以更加自由地呼吸了，我可以放鬆一點了，我已經有所成就了，我是公司的領導人，遙遙領先自己的競爭對手，所以我可以輕鬆地看到一些事情了」的時候，這個人就處於危險之中了。

今天的經商與專業知識，就像是科學與醫學專用書一樣，在未來幾年肯定會過時的。很多專業的知識，甚至在半年內就會過時，現在更新的速度非常之快。新的發明到處湧現，不斷排擠著老舊的東西。那些與時俱進的商人，必須要時刻保持眼界開闊，一定要注意到新鮮的觀點，不斷地提升自身企業的競爭能力。

同樣的情況也適用於老師、牧師與各行各業的員工。如果他們不緊跟時代的潮流，不隨時發現新鮮的想法，與代表著前進方向的觀念的話，很快就會落伍。我們到處可見，新穎與全新的產品，正在將過去那些老式的產品邊緣化。

時勢轉變的速度之快，超過了所有人的預期。一家大企業的老闆，只看到自己的企業很賺錢，卻沒有注意到競爭者所帶來的危險，他每年到歐洲旅行幾個月或是一年。當他回來的時候，驚訝地發現他的競爭對手已經悄悄接近，甚至要

超越他了。有時候他會發現，之前離他還非常遠的人，已經就在他的眼前了，甚至可能遠遠超越他了，因為這些人並不覺得自己的地位是鞏固的，所以不斷地努力工作，像是自己根本沒有實現夢想一樣。他們不斷與時俱進，將所有的精力，都投入到一個明確的目標中去，以堅定的決心去為自己拚搏。

也許，你覺得緊跟時代的腳步沒有什麼價值。你可能安於獲得很少的東西，願意在自身領域屈居第二，但如果你覺得自己可以不加努力就能不斷領先的話，不需要像鷹眼那樣不斷注視著時代的發展的話，你將會為自己的失誤付出極大的代價。

無論在哪裡，我們都能看到一些企業在慢慢走下坡路，因為之前經營這些大企業的老闆，讓這些企業進步的速度變得緩慢。從來沒有一個時代像現在這樣，需要商人或是專業人士時刻保持警覺，這也是今日所有的領袖所必須要注意到的。那些認為自己可以慢慢來的人，認為自己可以稍微放鬆一下的人，很快就會被別人追上。

這就是為什麼有一些大企業，雖然之前獲得了讓人羨慕的名聲，但現在迅速地被拋在後面的原因。那些企業的創建者覺得可以慢下來了，享受企業聲譽所帶來的利潤。但是，一定要注意，現代的企業經營方法在他們察覺之前，已經讓

他們失去了競爭能力。一些企業發現，若想止住下滑的趨勢已經是不可能的了。他們企業的內部已經全面腐化了，即便是最有效的治療都回天乏術。其他一些企業則在他們發現自己與迅速發展的競爭者在進行競爭之前，已經失去了顧客。有很多關於年輕人在一開始創業沒有資本、規模非常小，後來卻超過了擁有良好聲譽長達半個世紀的企業的故事，這讀起來感覺非常勵志。

想躺在功勞簿上來經營企業是非常危險的。無論企業的規模多麼龐大，如果停滯不前，很快就會被取代，因為這個世界有很多聰明人，太多的年輕人不斷追求卓越，不允許任何人停下前進的腳步。

讓人驚訝的是，即便是富有同情心與制度最完善的企業，走下坡路的速度也是非常迅速的。因為該企業的老闆覺得前進的步伐可以慢一點，不再需要像之前那樣警覺了。沒有一個商人可以在以往的聲譽中待很長時間，無論他們之前多麼偉大。

如果一個人將一塊石頭往山上滾，一旦停下，就需要兩個人才能滾動這塊石頭了，雖然原本是以一個人的能力就可以將其滾動的。同樣地，要是因為粗心大意，讓企業陷入困境的話，就很難走出這樣的困境。以出版行業為例吧！不需要投入太多的金錢去進行廣告宣傳，只需要一個與時俱進的

經營方法，就能讓一份週刊的發行量不斷擴大。可一旦停滯不前，就很難再次繼續前進了。發行量一旦下降的話，若想恢復之前的發行量，就要出十倍的力氣。同樣的道理適用於任何行業。

據說，歷史上霍亂疾病肆虐的時候，患者完全沒有察覺自己的狀況。他們對朋友的焦慮感到驚訝，甚至在醫生告訴他之後，都覺得不可思議，他們竟然被這麼恐怖的疾病所侵襲。他們說自己感覺很溫暖舒適，但別人觸摸其肌膚就覺得黏溼，有一種涼意，好像是垂死時的感覺。在商業領域，也有類似的商業「霍亂」，經常讓它的受害者渾然不覺，似乎讓商人或是製造商的感覺都被麻木了，所以根本看不清別人所看到的致命後果。他們也拒絕對症下藥，緩解自身的病狀。

人類遇到最危險的事情，就是感覺自滿，覺得自己的成功是有保障的。當一個人成名後，就很容易停止繼續奮鬥，開始變得鬆懈，缺乏危機感，因為他覺得自己已經有所成就了。在他察覺之前，那些他之前認為離他還遠的人已經悄然接近，從他的頭上把桂冠搶走了。

12　禮貌帶來商機

在紐約的一家銀行，一名男子脫下帽子，放在銀行員工的窗前。銀行員工要他拿走那頂帽子。該男子迅速回答道：「好的，我會拿走這頂帽子，但我也會拿走我的銀行存款。」接著，他取走了所有的存款。

這是一件小事情，但男子在該銀行有一大筆存款。他去了另一家銀行，並告訴朋友自己的遭遇。這件事情讓銀行遭受了很大的損失，這一切都是因為銀行員工缺乏足夠的禮貌的原因所致。

我知道有一家企業，原本可以從新顧客那裡獲得一大筆生意，但他們最近總是不斷失去之前長時間合作的老顧客，原因就是他們員工的懶惰與冷漠的態度。這家企業的每位員工的態度都顯得很冷漠，擺出一副「要買就買，不買拉倒」的架勢。

一家商店的職員的禮貌與親切，會讓數以千計的顧客，忘記競爭對手的商店，因為競爭對手商店的職員缺乏禮貌，無法讓顧客感到滿意。每個人都喜歡別人的禮貌相待，給予別人一點關心，在吸引與留住顧客方面，具有非常重要的作用。我們多數人寧願辛苦一點，都要去支持那些讓你感到舒適與滿意的商店，讓那裡的職員給予我們真誠的服務。

　　很多年輕人走進商界，似乎覺得商品價格只是競爭的唯一因素，其實這只是很多因素中的一個而已。除了價格因素外，顧客在湧入一家商店購物前，還經過了路上的數家商店，這其中肯定是還有很多原因的。舉個例子吧！很多顧客都不知道該怎麼去購物，他們不相信自己的判斷，而要依賴等著店內的服務員。一位精通業務的銷售員，能夠以微妙的方式去引導顧客購物，透過暗示，憑藉自己對產品品質、材質與耐用度的了解，去給予顧客幫助。

　　很多企業之所以一蹶不振，是因為他們員工的冷漠態度，讓客戶覺得氣勢凌人，深感不滿。這些員工趕走的顧客，絕對比老闆透過廣告、辛辛苦苦吸引過來的還要多。

　　也許，你會覺得奇怪，為什麼你的顧客這麼少呢？雖然你的商店裝飾得比競爭對手的更加吸引顧客，可他們的生意卻是你的兩倍熱鬧。也許你還不知道，是自己的員工、職員、收銀員以及櫃檯人員的冷漠與粗魯將顧客趕走了。顧客注意到你的員工對待他們的態度粗野與莽撞，而且做事不努力，對待他們也不貼心，因此顧客就不上門了。因此，對待顧客一定要保持禮貌，以最敬業的態度，去關心顧客的需求，讓他們感到滿意。要知道，即便某個員工感覺很不開心，也不能向顧客展露出來，否則就會失去銷售的可能性。

　　一般而言，顧客對於他人的拒絕或是輕視都十分敏感。

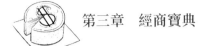

一些顧客對此更是非常講究，要求非常嚴格，喜歡吹毛求疵。這些人經常喜歡到一些商店或是企業去，與那些給予他們特殊關注與服務的企業合作。一些最為成功的企業，特別擅長取悅這些要求嚴格、敏感與挑剔的顧客。

今日的大企業都非常強調要讓顧客舒服購物，尊重顧客，讓他們盡可能地感到滿意。在接待室、會議室、茶水間等地方，都有員工隨時為他們服務，甚至還提供音樂等娛樂服務，這些設施都是用來取悅顧客的。精明的商人開始發現，沒有比對顧客的禮貌與周到的服務，能讓人獲得更大的回報的了。

我認識一個人之所以能夠建立一個大型企業，很大程度是因為他總是不斷努力滿足顧客的需求，為顧客節省金錢，或是在購物上給予顧客指導。

很多商人都下定決心，絕對不能讓顧客帶著不滿意的情緒離開，無論顧客給他們製造了多大的麻煩，或是讓他們遭受了怎樣的損失。我聽說過一件事，紐約一家企業派一人專程到百慕達，其實只是為了糾正顧客留下的不良印象。很多企業會認為這是非常小的事情，甚至會完全漠視，但這家企業並沒有覺得讓顧客感到不滿意是一件小事。

滿意的顧客不僅會成為回頭客，也會讓他的朋友成為你的顧客，這就形成了口耳相傳的廣告，讓企業能夠扎實地發

展與獲得穩定的客源，這是報紙廣告所做不到的。

　　馬歇爾‧菲爾德與約翰‧沃納梅克這些商人，之所以取得巨大的成功，要歸功於數以萬計的顧客光顧，這些人之所以光臨他們的商店，正是因為那裡的員工的禮貌與友善幫助，讓他們覺得舒適。

　　馬歇爾‧菲爾德有一個規定，就是顧客永遠是對的，這點不容置疑。換言之，他不能承受讓顧客覺得自己是錯誤的後果，除非涉及原則的問題。菲爾德意識到，讓不滿意的顧客感到滿意，這始終是值得的。

　　沃納梅克總是堅持一個原則，就是對待顧客一定要保持十分的熱情與禮貌，無論顧客只是隨便看看商品或是真心要購買。他的商店彌漫著禮貌與真誠服務的氣息，這與很多商店普遍存在的冷漠、排斥與冷淡的氣氛，形成鮮明的對比。所以，沃納梅克的商店取得成功，也是非常有道理的。我們會散發出自身的心理態度與情感，如果我們感覺獲得了友善的對待，覺得很滿意，心中覺得很愉悅；或是我們友善地對待每個人，就會散發出這些氣質，別人也會感覺到。這會讓整間商店充溢著積極向上的氣息。但要是數以百計的員工顯得冷漠與懶散，那麼，每個走進這些商店的顧客都能瞬間感覺到。

　　顧客都喜歡到他們覺得舒服的地方，到他們覺得愉悅與獲得友善接待的地方，就正如我們想進入最舒適的位置，或

是生活中最具吸引力的情境。我們自然而然會接近舒適、友善、歡愉的人，遠離讓人厭惡與排斥的東西，遠離敵對的心理態度，遠離自私的人。

優秀的企業家發現，要是不遵守友善對待顧客的準則，若想展開廣泛的業務，幾乎是不可能的。他們要以最友善、親切與有責任心的員工去迎接顧客，去和對手展開競爭。他們將員工視為企業的使者，代表著他們的企業形象。他們知道絕不能讓公司的形象，被冷漠與讓人反感的員工所破壞。他們知道，要是顧客被讓人厭惡與冷淡的職員所趕走，商店的裝飾無論多麼吸引人，廣告與商品無論展現得多好，都很難讓顧客回頭。他們知道，一個能夠吸引顧客的職員，比那些趕走顧客的職員好得多，享受高薪是理所當然的。

今天這個時代，禮貌與良好的舉止，無論到哪裡都是極受歡迎的。企業在聘用員工時，不僅要考慮綜合能力，還要考察他們禮貌與舉止。

很多企業家將自己的成功，歸功於堅持聘用氣質良好舉止禮貌的職員。他知道冷漠、自我與脾氣暴躁的職員，與舉止良好、紳士般的職員之間的區別，這可能就決定著他是成功還是失敗。

這個原則在美國西部兩條並列的鐵路上，得到生動的例證。其中一條鐵路的員工，展現出自大、懶散的態度，彰顯

出員工完全缺乏要滿足公眾需求的意願。這種精神的蔓延，讓鐵路公司的高層發現，他們正大幅度失去生意，因為乘客都去搭乘另一條鐵路了，另一條鐵路的員工，散發出與前面完全不同的氣質 —— 每個員工都被要求要盡可能禮貌地接待顧客，盡量滿足顧客的需求，盡可能地讓顧客感到滿意。結果是，不僅乘客願意選擇搭乘這條鐵路，而且大量乘客也都流向這條鐵路。

今天這個時代，競爭十分激烈，爭取公眾支持的競爭一刻也不停。企業若想取得成功，就必須要受大眾的歡迎，獲得顧客的支持。對今日的企業來說，他們要不是贏得顧客的信任、不斷發展，不然就只能走向盡頭。

今天這個時代，沒有哪家企業能夠漠視顧客的存在，不能再像之前競爭壓力小的時候那樣對待顧客了。

現在，許多競爭企業都在努力爭取顧客，想盡一切辦法留住顧客，要了解這個事實，並不需要多麼高的智商。在其他條件都相同的情況下，顧客自然會選擇那些擁有最貼心、最友善的銷售員與職員的企業。

人性都是喜歡獲得禮貌周到的接待的。我們都喜歡遠離陰影，選擇陽光。

紐約一位商人，成功地建立了數家商店，他曾說：「謝謝」這句話成為他的座右銘，讓他獲得了巨大的成功。他曾

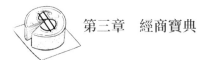

經向公司數千名員工發出這樣一封電報，上面這樣寫著：「你今天是否向光臨的每位顧客說了『謝謝』呢？」

他說，自己曾耗費 5 萬美元，去讓這個座右銘深入企業內部，讓銷售員知道其中意味著什麼，這被證明是一筆最有效的投資。

職員被要求想盡一切辦法，去讓顧客感到接待他們是一種榮幸，他們在那裡就是等著顧客的到來。

員工一定要盡可能與顧客建立私人的關係，要主動上前迎接顧客，不要等著顧客走過來，一定要注視著顧客的雙眼，微笑地迎接顧客，要主動與顧客談話，不要等著顧客發話。簡而言之，他們一定要給每位顧客留下良好的印象，讓顧客不僅再次光臨，還要將他們的朋友也帶過來。

「當顧客離開商店時，一定要記住顧客所說的話。」這又是一句銷售員必須要牢記在心的座右銘。

收銀員不准將零錢放在櫃檯上，一定要將零錢遞給顧客，或是放在專門為此準備的墊子上，方便顧客拿取。

所有的員工都要熟悉自己的工作流程與產品，要避免對顧客的需求說「不」的情況出現。

這家企業的另一條規則，就是只聘用身體健康與性情樂觀的員工。敏銳和與時俱進的公司高層說，顧客不想向那些

看起來病懨懨或是氣憤的銷售員購買商品。因此，經理絕對不會聘用那些脾氣暴躁或是身體虛弱的人。每家連鎖店的求職者，一定要經過他們的考察以及醫生的體檢。他們讓骨科醫生去檢查、治療員工腳的疾病，因為一個腳部有問題的員工，很難保持幽默。

很多商人都意識到，自己的企業出現了問題，因為他沒有得到相應的交易額，但他可能不知道，他的員工與其他職員，在吸引或是排斥交易上所產生的巨大作用。

我認識一位商人，他的大型企業幾乎被毀掉了。他長時間待在國外，因為他覺得自己企業的聲譽非常良好，他是否待在公司關係不大。結果公司的服務因為員工的怠慢與懶散而逐漸走下坡路，他們不覺得這有什麼重要的，最終趕走了許多顧客。

善於交友，留住顧客，讓人愉悅的社交能力，這些都是一個員工很寶貴的資產。脾氣暴躁、魯莽、粗心與冷漠的員工，會趕走許多顧客。你可能靠一次精明的計謀，能讓顧客光臨一次，但你不能單靠這種方法留住顧客。如果你的職員保持禮貌、專注、有責任心與友善的性情，顧客會寧願多走幾分鐘路，去享受你的員工的服務。

讓具有禮貌與滿足顧客的員工為其服務的人，才是真正精明的商人。

13 直視問題

　　我認識一位優秀的商人，他的企業營業額在不斷地縮小，雖然他意識到企業正在走下坡路，但他卻沒有足夠的勇氣，去直視這些問題，不敢直視「有病」的部位，然後大膽地使用手術刀。他只是掩飾當前所存在的症狀，希望所有一切問題都會好轉，寄望某些事情的出現，會改變當前的情況。

　　他這家企業存在許多管理上的漏洞，但他沒有足夠的勇氣採取徹底的方法，去修補這種漏洞，因為他不能承受這種改變。所以，他年復一年地拖延，讓業績不斷下滑。對於當前的局勢，他似乎無能為力，原因很簡單，只是因為他沒有心思與勇氣，去採取激烈的手段，讓企業重回正軌。

　　不少商人都曾身處這樣的境地。他們當中有不少人都是擁有藝術氣質的，性情敏感。他們會遠離任何出現麻煩或是紛爭的地方，千方百計地保持和平與和諧的狀態，儘管他們知道存在的問題嚴重地傷害著他們的企業。

　　很多企業遇到問題後都是得過且過，直到企業面臨破產的境地，這一切只是因為企業管理者害怕直視困難，不願意釜底抽薪，將所有的壞苗頭全部剷除，沒有在腐敗的部分影響全局之前將其切除。

　　我認識另一位商人，他是一家大企業的老闆，是一個性

情隨和的人，但他對企業的內部運作一無所知。他毫無察覺
自己的企業，幾年來一直都面臨著破產的邊緣，當他意識到
自己正處於失敗的邊緣時，他依然溫和地與朋友見面，還像
以往那樣慷慨地對待員工，可是所有人都知道他的企業快要
完蛋了。

　　任何事情似乎都無法將他從沉睡中驚醒，他似乎感到很
無助，不知道該如何採取主動措施去挽救企業，也沒有採取
必要的行動，去將企業拉回正軌。

　　當一個商人意識到自身潛在的疾病，正在緩慢而必然地
侵蝕身體的時候，他肯定會經過一陣痛苦的掙扎，但企業的
病痛並不像身體疾病那樣致命，如果你能迅速應對，能夠直
視疾病，就能改變原先得整個局面。

　　在很多例子裡，不少商人都沒有意識到，自己的企業正
在遭受這些「疾病」的折磨，因為他已經習慣了周圍的環境，
理想正在慢慢地降低，缺乏有效的工作制度與規畫，之前的
警覺性逐漸淡去，當病情已經變得很嚴重了，他才開始發
覺。現在，他已經能夠安靜淡然地，坐在毫無章法的工作環
境中束手無策，要是他在他年輕的時候，這樣的情況一定會
讓他怒髮衝冠、怒不可遏。

　　那些與時俱進的職業顧問或是商業「醫生」，在受邀對一
家逐漸萎縮與走下坡路的企業進行檢查時，通常發現「病人」

已經奄奄一息了,「血液」的循環已經不通暢了,很難找到脈搏的跳動了。在面對這樣絕望的情形下,他對企業管理者說:「你一定要輸入新鮮血液到你的企業,因為這裡根本毫無生氣,沒有力量,沒有前進的動力,沒有一點進取的精神。當一個病人處於這樣不佳的狀態,只有兩條路可以走,一是讓他死去;或是向他的血管輸入新鮮血液,讓他慢慢復原。」

很多商人似乎害怕知道,自己的企業正在走下坡路這個事實,雖然企業已經有好幾年的銷售額都在下降,但還是在找各式各樣的藉口去搪塞,不願意作出正確的選擇。但是,真正精明的商人會立即從源頭解決問題,找出企業逐漸下滑的原因,然後果斷地採取任何必要的行動,去治療當前存在的症狀。他會四處尋找問題所在,看看他的競爭對手,是否也處於同樣下滑的狀態。他可能會發現,對手比起自己更加與時俱進,他們的商店裝修得更豪華,櫥窗的展示也更加吸引顧客,顧客的購物品味也越來越高,對產品的判斷力也越來越精確,他們的產品擺設更具藝術氣質,而且,他們的員工素養更加優秀、更加親切,讓顧客更加滿意,同時,他們也有能力聘用更強的經理與主管。他可能會發現,自己正在堆積許多過時的產品,款式陳舊,不再受市場歡迎。他現在的產品是已經是過時的代表了,因為顧客都跑到競爭對手那裡去了。

　　對任何企業而言，員工對顧客服務態度差、缺乏明辨是非的能力，抑或是他們過分隨性，害怕炒掉那些能力不濟的員工，這些對企業都會產生最惡劣的影響。

　　很多企業陷入了足以淹死他們的「泥沼」。他們可能還在依靠那些早已失去活力的員工，他們可能之前有很多合作夥伴，但整個企業都陷入了困境，就像是蜂窩包裹下腐敗的枯枝。也許，合夥者的兒子就在公司擔任著重要職位，但這些人卻都是尸位素餐。

　　我了解到不少企業之所以陷入嚴重困境，就是因為企業管理人員任人唯親。企業老闆大部分時間都待在國外，沒怎麼關心他們的企業，而經理則將自己的親信，安插在企業的各個職位上，這造成了其他員工缺乏了工作熱情，變得冷漠，他們對這種任人唯親的做法感到不滿。

　　無論是什麼緣故，在任何企業留下能力不濟的人都是有害的，這會讓那些有目標與希望努力工作的員工感到沮喪。他們想當然地認為，老闆竟然能聘用這樣的人，肯定是對員工的服務品質與理想不怎麼關注。

　　冷漠與懶散的員工，或是企業制度出現的漏洞，都可能趕走顧客。時刻保持警覺，是任何成功企業都必須要付出的代價。

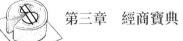
一位久經商戰的商人的雙眼，經過一家商店、工廠或是某個商業機構，能迅速發現出現的症狀。企業管理者可能還不知道，但他們顯然遲早會知道。顧客也會慢慢察覺這種症狀，正在蔓延到不同部門，直到整個機構都陷入了無可挽救的地步。

也許，今天的許多企業都早已遭受一些疾病 —— 內部腐敗、缺乏制度、鬆散與沒有條理的管理方式、陳舊與固執的理念 —— 這些都可以透過迅速有效的「治療」，運用有效的商業原則去解決，但要是缺乏適當的治療，最終就會失敗。

很多商人經常去找他們的醫生，檢查自己的身體，是否存在某些隱藏的疾病，看看整個身體系統是否出現了什麼毛病，這樣的話，任何存在的問題在沒有惡化之前，都能得到解決。所以，每個商人都應該將雙手放在企業的脈搏上。他應該經常加以檢查，看看自己體內是否存在問題、組織腐敗或是慢性的疾病，同理，透過這樣的方法，他也能知道企業的管理上，是否存在管理鬆散與員工消極怠工等情況。

時常被人稱為「辦公室惰性」的玩意，會扼殺掉一家企業。企業老闆會養成一套習慣，多年來一成不變地延續。他們不願意做出改變，不願意採用全新的方法。他們害怕新鮮的觀點，只是牢牢地抓住古老的想法。結果是，那些與時俱進與富於進取心的競爭對手，逐漸地將顧客搶走。

　　單純了解自己的企業是否賺錢，這是遠遠不夠的。你還要知道企業內部是否存在任何「疾病」，如果企業內部出現不良的苗頭，沒有及時進行「治療」的話，那麼就要接受截肢的下場。

　　一位著名的外科醫生，會馬上利用手術刀進行手術；而一位缺乏勇氣的醫生，則會用藥物來掩飾病人的症狀，一再拖延，希望能避免手術，導致病人身上的疾病不斷蔓延，甚至失去生命。

　　一位優秀的商人，就像一位傑出的醫生，他不曾猶豫片刻，會馬上採取英勇的手段，迅速整治出現問題的部門，炒掉經理、主管，或是解聘一批工作沒有效率的員工。換言之，他會將腐敗的東西全部清除，在整個企業內部全部加以清理整頓。當一個屬弱的病人，只是接受了臨時性的治療，暫時地緩解了病況，還妄想可以在不接受徹底治療的情況下康復，那是不可能的。

　　對商人來說，最艱難的事情，就是要正視因為自己的錯誤而造成的損失，直視原先賺錢的產品成為虧損的產品。一般而言，當你判斷錯誤時，繼續走下去就是一個錯誤。

　　當你深信自己犯了一個錯誤，或是參與了某些原先就應該避開的商業領域，那麼，最好就要盡快離開。

很多人都會犯這樣一個錯誤，就是期盼在一場毫無希望的賭局中贏回錢。很多商人發現，當他們犯了錯，無論造成了多大的損失或是不幸，最好的應對辦法，就是勇敢地切除患有「疾病」的部位，而不是想著用藥物來緩解。

一位商人告訴我，他幾年前對其他領域進行投資，結果回報並不理想，但他下定決心，一定要把失去的錢賺回來，雖然他對這些領域幾乎不了解，他依然繼續投錢進去，直到他耗費了之前從自己熟悉的領域中賺到將近 200 萬美元。之後，他發現自己在新的領域進行了錯誤的投資，當人們嘲笑他的失敗時，他的自尊心被刺痛了，決心要向那些人證明，自己有能力再取得成功。

他說，這次經歷讓他汲取了兩個教訓：一是，不要涉足自己不熟悉的領域；二是，發現自己犯錯了，無論會造成多大的損失，都要及時回頭，立即離開。

與時俱進的商人有一個顯著特點，就是他總是不斷地提升自己某方面的能力。他懼怕自身出現某些可能的退步。

大多數人之所以覺得麻煩，就是他們認為自己必須要從整體解決問題，以某種神祕的方式來繼續前進。他們並不知道時刻保持提升自身的重要性。正是每天改進一點點，才是最重要的。從長遠來說，正是這種漸進的改善與進步，而非激烈的一擊，才是最有效果的。

　　每天早晨，都要下定決心超過前一天。每天都要直視自己企業存在的問題。下定決心，在自己的企業、工廠或是其他工作，沒有比前一天做得更好的話，就不收工。不要自我設限，而是要向更高的目標進發。你會驚訝地發現，你的企業在一年內會有很大的改變。

⑭　不要開除那個年輕人⋯⋯

　　雇主們，你是否想過，因為自己一時盛怒，或是一些小事而炒掉一個小職員，這對你意味著什麼呢？

　　對你來說，炒掉他們也許只是小菜一碟，但這件事可能是他們人生事業的轉捩點。遺憾的是，對年輕人而言，炒掉他們一般都會讓他們感到沮喪，受制於自己的情緒，有時候他們甚至覺得心灰意冷，感覺繼續努力也是沒用的。雇主在解僱員工之前，應該千方百計地給予他們幫助。有時候，一句鼓勵的話，一句讚美的話語，都能實現這個目標。當一位易於動怒的老闆能做好這點的話，就能收到非常好的成效。

　　將一位不斷奮鬥的員工投向黑暗的陰影，這是非常嚴肅的一件事情。畢竟，你跟自己員工的差別，很大的程度只是在於你們所穿的服裝，與是否擁有各種設備上。你可能衣服

品質比他們好一點，吃的可能也豐盛一點，睡覺的地方也更加舒適，但他們中有些人的素養品格可能比你還高。

你在對待年輕員工時，最好更加謹慎一點。雇主們，因為即便他們沒有你所擁有的優勢，但他們有一天也可能在你所在的行業成為老闆，你可能還要向他們討教最新的思想。有時候，他們甚至可能成為你的上級。

我經常看見這樣的情形：幾年後，一些雇主驚訝地遇見之前為他們工作、被他們羞辱與責備過數千次的員工，他已經出人頭地了，成為有權勢的人，而且比他們地位更高。

這些例子不斷地出現，應該值得雇主們深思。他要知道，現在虧待的員工，日後可能成為他的上司。

不要在企業裡吹噓自己有多麼厲害。在你讓員工的家庭陷入貧窮，或是剝奪他們一點微薄的薪水，讓他們全家吃不上飯的時候，一定要三思。

很多雇主就是因為員工一點點的小錯誤，無心的頂撞，或是粗心而開除他們，他們沒有意識到這樣做可能毀了這位員工。

一些雇主說他們的時間很寶貴，不願意給這些缺乏經驗的年輕人一些機會。

不要炒掉讓你感到失望的員工。試想一下，要是你自己

的兒子犯了一些小錯誤，或是做了一些愚蠢的事情，你希望
有人這樣對待他嗎？不要就那樣丟棄他，要試著給他們機
會，喚起他們的希望，告訴他們你曾經的奮鬥歷程，告訴他
們有始有終是多麼重要。讓他們明白，他們所寫的每一封信
與做好的每一件事，都是踏上成功的基石，讓他們可以追求
更加高遠的東西。

　　記住，員工沒有你那麼豐富的經驗、良好的判斷力或是
現有的能力。如果他擁有的話，他就不可能還為你工作了。

　　埃德溫‧布斯曾經責罵員工做事粗心大意。他說：「看著
我，為什麼你就不能照著我這樣做呢？」

　　那人說：「布斯先生，如果我是你，我一晚的薪水就不會
只有可憐的 30 美元了。」

　　也許，你想要炒掉的這位職員，從小沒有得到足夠的關
懷與愛護，家裡缺乏溫暖，不像你家的小孩那樣，在一個溫
馨與充滿愛的環境下長大。你真的確定那位要被你炒掉的員
工身上，沒有你可以挖掘的潛能嗎？記住，你不能說服一位
員工，但你能夠引導他去做任何事情。要是他身上有什麼過
人的本事的話，你是很難驅使他的。

　　有些人就有這樣一種特性，在一些人的影響下，他們無
法將潛能開發出來，無法將事情做到最好。在某些人面前，

他們似乎失去了自己個性，顯得沒有創造力與個性，因為他們無法展現真實的自己。他們覺得非常壓抑與限制，甚至有點窒息的感覺，感覺不像先前的自己。

他們在生活中之所以成為失敗者，就是因為他們碰巧遇到了那些喜歡打擊與壓制他們的雇主。要是讓他們在喜歡鼓勵與欣賞他們的雇主手下工作，就會取得成功。他們的目標與希望和對未來的前景，會被雇主的批評、責罵或是吹毛求疵所打碎。

很多雇主似乎認為，他們可以隨心所欲地對待自己的職員，可以隨意責罵、嘮叨他們，挑他們的毛病，使用各種方法逼迫他們工作，希望員工能以最佳的態度給予最好的服務。

我認識不少雇主，他們在給予自己孩子信心與尊敬方面做了很多努力，覺得要是孩子失去這些的話，簡直就是一場災難。但他們在自己的企業裡，卻會因為員工一點點小錯誤而大發雷霆，以不堪入耳的話語去辱罵員工，而且還以一種殘忍的方式。有時候，他們會使用一些褻瀆的話語去對付員工。奇怪的是，他們竟然還希望員工能夠明白他們的苦心，能夠忽視這些話語，好好地尊敬他。

雇主們，向那些全心全意幫助你取得成功的員工發脾氣，這件事一定要三思而後行。你是否想過，自己的成功，

很大程度上取決於你的員工，他們才是你默默無聞的夥伴，要是沒有他們，你能過上富裕的生活嗎？你是否想過，那些為你工作的人，要是給予他們像你這樣的機會與條件的話，難道就一定不會比你成功許多倍嗎？

你有什麼權利去對一位員工發脾氣，只是因為你的午餐碰巧不符合自己的胃口，或是因為昨晚你睡不飽覺得精神萎靡呢？為什麼你要侮辱與責備那些無辜的員工呢？

你應該要記住，別人與你一樣都擁有與生俱來的權利。你沒有用毒舌去辱罵員工的特權，也不能去責備他們，你碰巧成為雇主與他們碰巧成為員工這個事實，並沒有賜予你責罵他們的任何特權。在這個世界上，員工享有與你一樣的權利，如果他表現得更好，甚至可能比你擁有的還多。

員工們經常在早上感到惱怒，也許心情很糟糕，甚至內心感到非常難過，但他們非常努力地掩藏心中的這些情緒，表現出很鎮靜的樣子。他們甚至掩飾內心的苦惱，而你卻沒有這樣的能力。相反的，要是他們碰巧在言語上有所冒犯，或是對你的批評與責罵頂了幾句嘴，你就會火冒三丈，可能一怒之下辭退他。很多雇主都會因為員工一些很小的錯誤就大動肝火，要是他們膽敢頂嘴或是表現出不滿與挑釁的眼神，他們就可能被辭退。

一位女士曾經到一家商店購物，她是一位具有善心的人。那天下午，她準備要參加一位與她曾有交情的貧苦朋友的葬禮，為她服務的那個女銷售員似乎無精打采，精神顯得很不集中。這位女士就責罵女銷售員缺乏服務意識。在那天下午的葬禮上，這位女士發現，那位逝去朋友的女兒正是那位女銷售員。正是因為失去母親的悲傷，讓她顯得心不在焉無精打采。這位女士後來說，自己吸取了終身難忘的一個教訓，一定要為他人著想。

一些雇主根本不知道成功做事的原則。他們幾乎毀掉了身邊為他工作的員工的良好情緒。這些人讓企業內部充斥著不和諧的氣氛，誰都感到很不自在，每個人都處於水深火熱之中，因為誰也不知道下一個挨罵的人會是誰。

誰能期望那些整天責罵員工、無情對待員工的老闆，能夠獲得除了員工的鄙視與反感之外的東西呢？這個道理其實很容易理解。

一個幾乎無力控制自己的人，總是因為一些小事而大發雷霆的人，總是無法控制自己臭脾氣的人，又怎能期望他去控制一家企業呢？

你的員工能迅速知道，你是否能夠控制自己，或者你是自己脾氣與情緒的受害者。如果他們看見你經常被自身情緒

所控制，而不是情緒的勝利者的話，如果你沒有透過強有力、精力充沛與富有尊嚴的氣質，去彰顯自身的成功，他們是不會尊敬或是聽從你的，即便聽從，也只是因為恐懼你而已。源於恐懼的遵循，是沒有任何意義的。

當你連自己都無法控制時，你怎能期望去控制別人呢？

很多企業就是因為員工的頻繁流動，特別是重要職位上的人員流動，造成實力嚴重被削弱。酒店的職員，特別是客房服務員，就是酒店的重要資產。酒店客人很少能見到酒店管理者，服務員是他們接觸的唯一對象，他們會到那些讓他們感覺舒適的地方入住，好像他們交上了一個朋友，或是一個能夠關注他們利益的人，讓他們覺得賓至如歸。

傑出的商人都知道留住員工的重要性。一些最具規模的企業，曾算了這樣一筆帳，要填補一個空缺的職位，需要花費 1,000 美元到 3,000 美元，一些企業甚至每年的人員流動量，達到全體員工的 50%，不少企業也在 10% 到 25% 之間。一家企業甚至每年都會進行員工的「大換血」，平均每個月更換 10% 的員工。

想一想頻繁更換員工對企業所造成的影響吧！在很多公司裡，一位新員工至少需要兩到三個月的時間，才能為公司做出實質性的貢獻。這對公司本身而言是一筆巨大的損失。

　　規模較大的公司，都在想盡各種辦法，阻止這種人力資源的浪費，他們透過提供員工保險、股票分紅或是利潤抽成等辦法留下員工。

　　除了薪水這種最直接的方法外，還有很多其他因素，能讓員工長時間地留在你的公司。其中有很多是情感方面的因素。當企業友善地對待員工，關心他們福利時，讓人愉悅、充滿文化氛圍的工作環境，都是讓員工留在一家企業的強大動力，能讓員工保持對企業的忠誠。

　　一些雇主想方設法地激勵員工對企業的忠誠，他的員工在好幾年低薪的情況下，依然沒有選擇到其他企業工作。因為員工們為這位老闆的氣質所感染，他非常周到地對待每個人，向員工表達自己的欣賞之情。員工也是人，人性的關懷是非常重要的動力。頻繁更換員工不僅浪費金錢，而且還經常造成顧客的流失。顧客不喜歡在他們時常光顧的地方，見到新鮮的面孔，對於那些與顧客保持著特別親密關係的員工，更是如此，就如在前面列舉的那個關於酒店的例子。

　　一些企業向員工發行股票，透過分紅來支付他們的薪水，希望能讓優秀的員工長時間保持對公司的忠誠度。商人們將員工的忠誠度視為非常重要的資產。

⑮　為什麼這位雇主留不住員工呢？

他採取「鞭打奴隸」式的管理方法。

他不關心員工的利益，不站在他們的角度思考，不注意員工工作環境的衛生以及他們福利。

他喚起了員工心中最糟的一面，掩埋了最好的一面。

他總覺得自己只是欠員工薪水而已。

他的想法就是要以最少的薪水，獲得員工最多的貢獻。

他只是將員工視為工作的機器。

他害怕與員工分享他自身的富足。

他將員工視為自身不良情緒的出氣筒。

他在別人面前厲聲責備員工。

他從不信任員工，相反的，總是對他們抱著猜疑的態度。

他的吹毛求疵、永不讚美與永不欣賞的行為，扼殺了員工的熱情。

他將員工對公司所提出的改善建議視為不敬。

他不加區分勤奮認真工作的員工與那些偷懶的員工，通通一視同仁。

　　他從不會這樣問自己：「我是不是有什麼問題呢？」相反的，他總是這樣想：「我的員工是不是有什麼問題呢？」

　　他時常讓員工義務性地加班，但如果員工遲到幾分鐘，就會被罰款。

16 吝嗇的雇主

　　我認識一些雇主，他們總是顯得那麼嚴厲與苛刻，在和員工打交道時總是斤斤計較，讓員工每時每刻都為他們工作，幾乎不允許員工離開工作位置，甚至連請病假都不行。在這種情況下，一些雇主還是覺得員工工作的熱情不夠積極，應該要為他的利益好好著想。他們根本沒有意識到自己怎麼對待員工，員工也會怎麼對待自己；他們對員工抱持怎樣的態度，員工也會反過來對他們抱持怎樣的態度。

　　一位老闆所能做的最佳投資，就是以友善與欣賞的心態，去對待所有員工，因為員工可以本能地察覺到雇主對他們的態度。員工是不可能透過強迫的方法去做到最好的。工作熱情是無法賄賂的，必須要是發自內心的。如果你不能贏得員工的尊敬，讓他對你事業的成功產生興趣，你就不能得到他最好的服務。對企業的全心投入，對工作的熱情與認

真，只能源於他們對老闆的尊敬。很多雇主在失去員工的尊敬時，也就失去了那些真心為他們工作的員工，讓最優秀的員工溜走了。

我認識不少雇主，都認為自己的地位比員工高出很多，要是在大街上遇到自己的員工，他們都不會打招呼。在早晨來到辦公室時，他們也不會向員工致意，或是在員工下班時說聲「晚安」。這些雇主從來沒有想過這個問題，只是將員工視為工具。

數以千計的員工，每天都被迫生活在一些小心眼的雇主所帶來的黑暗陰影中。這些雇主不時地對員工嘮叨，責備他們，讓他們一刻不得安寧，即便有必要這樣做的時候，他們也將員工獲得的一點點快樂，視為對自己權利的侵犯。

這樣的人讓身邊的員工感覺，他總想讓員工去做雙倍的工作，應該為他的事業不斷奔波，覺得要是不嚴加看管的話，員工就會像小偷那樣盜竊他的工作時間。

員工永遠不會為這樣的雇主賣命。老闆的小心眼與責備的做法，只能得到他們劣質的服務。

將員工的薪水調到僅僅能夠讓他們維持生計的程度，還讓員工不斷加班，這樣是不會有任何回報的。只有自願的服務 —— 全身心與滿懷熱情的服務 —— 才能讓工作具有品質，才能收穫滿意的結果。

很多雇主似乎非常認同這個事實，他們為員工支付薪水，員工就應該以忠誠與熱情來回報。他們似乎覺得單純的薪水，就能買到員工所有的能力、知識與熱情，保持員工對企業的忠誠度。但是，員工與你一樣都是人，這一點雇主們一定要切記。如果你不能控制別人，你也無法控制商業上許多事務；如果你不研究他們，就無法了解他們；如果你不與員工打成一片，你就無法去研究他們。你不能光是遠距離地研究他們，不能一副清高的樣子，想著這樣就能對他們有所了解。忠誠與愛一樣，都是只能透過與員工建立親密關係、真正關心他們的福利之後才能獲得的。

數以千計的雇主就是因為自身的清高，在他們與員工之間，人為地設置了一道社交隔閡。即便是地位最卑微的人，都厭惡別人自以為優越的想法。如果你透過自身偉大的性格，來證明自己的優越，這自然會彰顯出來，你的員工自然很快地就會發現這點。但是，他們無法容忍那種自以為是的優越感，他們能迅速察覺真誠的氣質與虛偽的想法。

我認識一些在大企業工作的員工，他們很少能見到自己的老闆，但他們卻非常尊敬與敬佩他，認為他是一個真正的男人。因為他具有人性關懷，當員工遇到困難的時候，總是給予憐憫的幫助，在他們遇到麻煩的時候，總是給予及時的幫助。員工們都覺得，他們在需要的時候，有一個可靠的朋

友。這位雇主的人格魅力，在他的企業裡到處都得到彰顯，但他始終都沒有覺得自己高人一等。

人性的關懷是雇主給予員工最重要的管理。冷漠的管理是成本較大的管理方法。因為粗心、冷漠或是一位貪婪與控制欲強的老闆的責罵，絕對會讓他的人力資源成本大幅度增加，這顯然是非常短視的做法。

要是雇主能夠在員工聚在一起吃午飯時，躲在一邊聆聽他們對自己的評價。要是他聽上幾次，就會聽到有人說他「吝嗇」、「勢利鬼」等話語，他可能就會改變對員工們的態度。「他真是一個徹底的吝嗇鬼！」、「他只顧著賺錢。」、「他心裡想的是如何壓榨我們。」、「那是一個脾氣暴躁、敏感的老頭。」、「他應該到那些編織衣服的女工中去，或是參加那些茶會。」

雇主們，不要因為你沒有聽到這樣的言論，就以為這些話不存在。你肯定也知道，每個員工對你是怎樣的人都有自己的想法，在你不在場的時候，他們並不害怕說出來。你無法忽視員工對你的企業所作出的評價，以及他們對你的印象所產生的影響。

試著想想，一位缺乏長遠目光的卑鄙雇主，始終對員工懷著吝嗇、控制與催趕的態度，所得到的員工的劣質服務，會讓他付出多麼沉重的代價！想像一下將造成的損失，企業

的業績下滑，商品破損所造成的浪費，更別提你失去了員工對你的尊敬、信心與敬佩。

幾天後，我聽到幾位員工談論他們的雇主，我碰巧認識那位雇主。他們說之所以喜歡那位老闆，就是他為人不自大，從不讓員工覺得他自己高人一等，因為他總是對他們說些友善的鼓勵話語。

這位雇主支付給員工的薪水，要略低於同行業的其他企業，但企業員工卻沒有出現頻繁的流動。他們喜歡老闆友善地對待他們，寧願少拿一點薪水也要留在這裡工作。

無論從任何角度來看，把員工像人那樣看待，慷慨地對待他們，對他們給予包容，這樣做一定會得到回報的。

雇主們，請採取一種開放的制度。如果你想讓員工為你的利益著想，就要不斷地摸索全新的工作方法，讓工作顯得更加容易。員工也會盡量避免在處理商品時出現浪費與損失，減少次級品的出現，增加生產力，這無疑會間接增加你的利潤。

⑰ 猜疑的心態

　　雇主們，你對員工抱持怎樣的心態，就會喚起他們對你怎樣的心態。如果你抱持猜疑的態度，猜疑自然會引來猜疑。如果你總是監視員工，看看他們是否存在消磨或是浪費時間，時刻盯著時鐘，想著要快點下班。如果你不相信他們，他們也會持相同的態度。

　　我認識不少僕人之所以變得不誠實，就是因為他們的女主人一如既往的不信任所致。這些僕人總是被監視，主人總是在害怕會丟失什麼東西，但其實所有貴重的物品，都早已被他們鎖在櫃子裡了。

　　這種持續的猜疑心理暗示，通常會讓心智弱小的人，發展成主觀的不誠實。

　　要是一家企業的老闆，總是對員工抱著猜疑與不良的態度，那麼，這樣的公司，要比那些老闆為人友善、心胸寬廣的企業，將遭受更多的損失、產生更多的摩擦與紛爭。

　　信任自己的員工是有回報的。即使有時候事情看上去讓人疑心，但給予員工一些信心，讓他們知道你相信他們。他們一定會以信任來回報你的。你要讓員工知道，你信任他們的為人，相信他們的能力與正直。你的信任會讓他們更相信自己。

被人信任會讓我們感覺自己的重要性，激發我們更大的自信，因為我們想要證實別人的信任，同時這也滿足了我們的虛榮心。我們希望別人對我們有好的評價。沒有比意識到別人相信我們，能產生更強的推動力的了。另一方面，猜疑、不信任都會喚起員工同樣猜疑與不信任的心態。

沒有比你毫無保留地信任員工，更能激發員工的責任感，喚起他們的忠誠感與奉獻感的了。當員工意識到你信任他的時候，自然會下定決心，要給你有效與忠誠的服務。

有時候，即便被人欺騙，信任別人也比猜疑別人更好。很多時候，一些原本要變得不誠實、玩弄把戲的人，最終就是因為別人對他們的信任，感覺自己肩負著責任，所以仍是選擇成為一個誠實的人。信任能夠喚起每個員工的為人氣概。

成功的商人都知道，信任員工能給他們帶來怎樣的變化。相信別人會產生同樣神奇的作用。我之前認識一些以不誠實聞名的員工，但後來都變得非常誠實，只是因為他們害怕有損雇主對他們堅定的信任與信心。

對某人的堅定信任，能夠將一個人最好的一面呼喚出來；正如持續的猜疑，能夠喚起同樣程度的猜疑與欺騙。

換言之，我們對別人抱持怎樣的心態，別人也同樣會以怎樣的態度回報我們。如果我們感到友善、樂於助人以及富

有憐憫心，如果我們真正關心員工的切身利益，大度友善地對待他們，他們自然會以同樣的態度對待我們。

　　你能對一個總是不斷懷疑你的能力，懷疑你的誠實，懷疑你想方設法地從他身上獲得好處的人，給予最好的服務嗎？每個為你工作的員工，都擁有與你相同的人性。

　　一旦你惹怒了員工，你就是失敗者，他們會在工作上敷衍，只給你劣質的服務。他們的手上掌握著你成功的鑰匙，這點你是清楚的。若想讓員工全心為你服務，你就要全身心地對待他們。如果你來到公司，覺得自己彷彿就是萬物之王，無論是在電梯、或是大街上遇到員工，你都好像不認識他們那樣忽視他們，他們就會透過敷衍的工作來報復你。有其因，必有其果。

　　如果你總是懷疑員工在消磨時間，占你的便宜，如果你懷疑他們的誠實、他們的忠心，如果你在心中持這種猜疑的態度，就會喚起員工類似的心態。員工會透過你的態度、舉止與對他們的評價，來決定是否為你認真工作。

　　當員工意識到雇主總是在監視著自己，或是不斷在挑自己的錯時，是不可能全身心投入工作的。在這樣的氛圍下，他們是不可能專心工作，就像一株原本在熱帶生長茂盛的植物，被移植到寒冷的極地，肯定是不適應的。

相信員工，讓他們自由地工作，不去監視他們，不去嘮叨他們與猜疑他們，自然會得到回報。

總是猜疑他人，這是心理不正常的表現。一些雇主覺得當自己轉過身時，每個員工都在欺騙他。所以他們選擇時刻監視員工，甚至採取監控的方式。他們覺得員工會消磨時間、敷衍工作。

習慣性地猜疑別人，會毀掉最優秀的心靈。我們知道不少雇主都在猜疑自己的僕人或是員工。他們將所有東西都鎖起來，但還是會經常丟東西。我認識不少商人，甚至不敢在桌子上留下一張紙或是信件，就是害怕某些人會偷偷去閱讀。他們去吃午餐時，就會緊鎖自己的桌子，害怕某些人會拿走一些東西，或是偷看不該看的東西。

猜疑很容易變成一種病態。他們內心時常覺得有些人在與他們作對，有些人正在試圖傷害他們，任何人都不是完全誠實的。這些人總是不斷搜尋著麻煩，希望能證實自己的猜疑，心中總是對此有所期待。如果某人做了一件好事，他們只看到別人這樣做背後的動機 —— 可能他們只是想得到某些好處，或是獲得一些優勢而已。他們變得憤世嫉俗，正如所說的：「犬儒主義（是對他人的動機從根本上不信任的一種心理態度）讓人像一隻搜尋著寄生蟲的貓頭鷹。」

若想獲得員工最好的服務，你就必須要滿足員工的情感

需求、最高的理想以及高尚的動機。如果你懷疑他們的忠誠，猜疑他們的忠實，覺得他們在你轉身後就敷衍工作，如果你不了解他們的為人性格，不了解他們對公正與合理的辨別能力，你就不僅給員工，也給自己帶來了難以估量的傷害。猜疑與不信任會澆滅熱情之火，扼殺員工的希望，無法讓員工將創造性的精力投入到工作中，員工也無法感覺到你是關心他們福利的，也不會與你共同分擔企業的重擔，他們只會變得冷漠，敷衍地工作，不時看著時鐘，等著下班的時刻。只要看到時間到了，就為自己能夠擺脫負累感到高興。

信任你的員工，他們也會信任你；相信他們，他們也會相信你。

一位著名的商人告訴我，他現在一年內所擔心的事情，都沒有之前一個星期擔心的多，閱讀新思想的著作，完全改變了他的經商方法。他坦承，幾年前，他總是無法克服不相信員工的毛病，覺得員工總是在占他的便宜，一有機會就會偷懶。自從他知道了應該要信任他們，他感覺自己的心態在員工身上也得到了回饋，對他的評價也有所改觀，員工非常樂意且認真地為他工作。

現在，他意識到必須要看到員工身上的優點，激發員工身上的潛能，讓他們表現出好的一面，收起不良的一面。他對員工態度的改觀，也改變了員工對他的看法。員工們覺得

要是占現在這位當他們是朋友的老闆的便宜，心中會感到羞愧，畢竟他已經不是幾年前那位讓人討厭與專制的老闆了。結果是，他的員工要比以前更加努力，工作的成效也得到顯著的提高。

這位商人以前總是顯得很緊張、不安，對員工處處躲避他的行為感到難受，現在他變得很沉穩、愉悅，做事從容淡定，不再像以往那樣匆忙，不再感到疑惑與不滿。相反的，他內心感到和諧與平靜。他將這些改變歸功於閱讀新思想的著作與雜誌。他說，這種全新的商業哲學，必將徹底改變商業世界的運作，現在那種依靠排擠、欺騙、隱瞞與催趕的工作方法，注定要被取代，讓步於全新的經營方法。

18 為什麼他會失敗呢？

勇於追求自己的夢想，盡最大的努力，即便失敗了，也並不可恥。

我們的理想，就是衡量自身取得成就的最佳標準，理想就是建築生活的藍圖。

很多人之所以失敗，就是因為沒有高遠的理想。

林肯對人生持有遠大的理想，他一步步地將自己的偉大

目標轉化為現實。

摩天大樓的每塊石頭與每條鋼筋，甚至是藍圖中的每一個最小的細節，都要經過深思熟慮進行組合，否則大樓就可能不安全，形象也會十分醜陋。

那些擁有遠大志向的人，必然會慢慢實現他們的人生計畫。

人性中最詭異的一個矛盾，就是很多人不斷地奮鬥，顯然也是盡自己最大的努力去取得成功，但他們所做的事情、所說的話與所想的事情，卻不斷將他們推離成功。他們一些愚蠢、軟弱或是大意的行為，總是不斷抵消自身的努力。他們所說的話，讓別人對他們產生成見；所做的事情，摧毀他們的自信。雖然他們很努力地為自身的「大樓」建造基礎，但他們卻不時地抵消這些努力。

這些人就像特洛伊木馬那樣處於偽裝的位置，他們狂妄地吹捧自己，或是以一些愚蠢與軟弱的行為，將建造大樓的鷹架弄倒，而這些都是他們數年來辛辛苦苦建造的。他們的人生充斥著各式各樣的阻礙，所以最終也一事無成，從未取得任何有價值的東西。他們總是不斷地給自己製造麻煩，抵消自身的努力 —— 這就是他們人生最大的絆腳石。

許多人的行為，不斷地將自己推離他們原本想要達到的

成功，可能只是因為不知道怎樣控制暴怒的脾氣，不知道做事情要小心謹慎，或是無法控制天性中一些弱點。

我認識一位很有才華的主編，他能寫出很多精彩的文章。但在他六十歲的時候，成就依然與二十歲時相差無幾。他曾在許多不錯的職位上工作過，但他總是在這些職位待不長，因為大意、暴躁的脾氣或是因為一些小事而大發雷霆。事實上，他是一位非常努力工作的人，每次他被打倒後，都要重頭再來，計劃著如何繼續往上爬，最後還是像井底裡那只可憐的青蛙再次摔下去。

如果此人能夠在年輕時審視自己，克服自身的一些缺點，他會在文壇裡取得更大的成就。

現在，有數以千計的職員或是那些身處平凡職位的人，原本是可以成為自己的老闆的，但就是被自身的一些讓人遺憾的缺點，天性中一些缺陷或是癖好所阻 —— 其實，這只需年輕時一點自律與自我學習就能克服的。不少許多現在身處低下職位的員工，要是能夠克服這些缺陷的話，能力就可以比他們的雇主還要強。但他覺得自己的能力比老闆更強，卻只能屈居人下，這種感覺會讓他感到恥辱。

這些人讓我想起一個上好的瓷器，但就是因為一點細微的瑕疵或是裂縫，就讓它的價值大大貶損。

很多藝術品原本幾乎是無價的，都是因為一些小缺陷而大打折扣 —— 正如一些珠寶，要是沒有小缺陷的話，肯定具有超高的價值。

很多原本可以成功的人，現在只能躺在失敗的墳墓裡，只是源於他們陰鬱、吝嗇與可鄙的心態與行為。他將自己的臭脾氣或是消化不良所引起的不滿情緒，發洩到身邊的人身上，讓自己所到之處充斥著惡毒的氣息。他不僅讓自身努力的價值最小化，也讓那些為他工作的人失去能力、缺乏主動性，無法給予富於幫助與建樹的建議。

其他的人則是因為疑惑、恐懼、缺乏勇氣與自信而讓成功走遠 —— 他們的思想習慣總是排斥著成功，他們從不覺得自己能夠吸引成功，反而讓許多成功的敵人鑽進腦海，讓自己沒有了和諧的心境。他們總是抱著失敗、疑惑、貧窮的思想，而不是牢牢抓住成功、富足的思想，所以他們最終也無法有所成就，獲得富足。

那些預計自己會失敗的人，必然會提前失敗，因為所產生的結果，就是根據你的預期產生的。

人生中許多的失敗，都是因為缺乏勇氣與商業嗅覺造成的。一個年輕人在開始踏足商界時，懷著軟弱與屈服的心態，缺乏果敢的性情與自身的勇氣去堅持，不敢對別人說

「不」，而是糊裡糊塗地聽從別人的話，進行一項毫無希望的投資，認同一張可疑的票據，只是因為他不想冒犯一位朋友，這實在是讓人覺得可悲。

在一次農業研討會上，當大家在討論某個坡度，是否最適合種植某種水果或是蔬菜的問題。有一位注重實際的老農民受邀發表感想時，他說，根據自己的經驗，土地的坡度其實關係不大，重要的還是人的「坡度」。

人的「坡度」才造成了各行各業中成功與失敗的區別。一個聰明與節省的農民，能在布滿岩石或是土壤缺乏肥料時，在貧瘠地區與不良的氣候下取得成功，而一些人則在土壤最肥沃、氣候最適宜的地方失敗了。

有時候我們會覺得，如果能夠擺脫今天所有困擾我們的東西，遠離所有讓我們失去力量的事情，如果能夠與周圍的環境更和諧的相處，就能做出有價值的事情。但我們似乎沒有意識到，和諧的心態本身，就在我們的能力範圍之內，並不依存於外在的機會或是力量。我們本身就有能力去製造和諧或是紛爭。一個強大與成功的人，並不是自身環境的受害者，他會創造有益於自己的環境，他的內在力量與能量，會促使他激發內心的潛能。但一個軟弱的人，就是外部環境的受害者。真正有能力的人，是不會等待著有利於自己的環境出現的，他的內在力量能讓他克服障礙，取得成功，而不是

成為困境的受害者，隨波逐流。

　　一條充滿生命力的小魚，不懼瀑布與水流逆行前進，與一條隨著水流到處漂蕩的死魚，存在著巨大的差別。那些能夠激發內在潛力的人，與那些缺乏主動性的人之間的差別，就像是那條不懼水流逆行前進的活魚，與那條到處漂蕩的死魚之間的差別。

　　我們心中無須過分看重自身遇到的事情。只有軟弱之人才會因為這些事情而不停埋怨、惱怒，將他微弱的努力都全部抵消了。但對那些散發出強勢個性的人而言，困難自然而然會消失。

　　我曾經在颱風吹襲的第二天，來到受災的那個城鎮，只見少數幾棵大樹與基石最牢固的建築依然還挺立著。只有最強大的事物才能倖免於難。所有樹苗與小樹都因為歲月與腐朽的樹根而倒下了；所有不牢固與臨時的建築，都被颱風可怕的威力掃除了。

　　在金融危機時期，同樣的事情也生動地展現了這個道理，只有最強的人才能生存下來。勢力弱小與缺乏底子的商人，與那些缺乏資本、沒有足夠意志與人格的商人，那些不願意為此作出努力、衝出重圍的商人，反而還想依靠自己的關係或是富有的父親來挽救自己，最終都難逃失敗的命運。只有強大的人，只有那些充滿動力與毅力的人，才能最終生

存下來。

在生意興旺的時代，能力一般的人似乎都能賺到錢，但只有那些能力強的人，才能經過蕭條的市場與嚴重的商業危機存活下來。

現在，數以千計的失敗者在不斷更換工作，從事負累的工作，要是他們能將所有精力都集中在一個方向，就能取得成功。他們將精力集中於一點，糾纏於細節上，缺乏忽視無關緊要的事情的能力。

很多人之所以無法取得自身能力千分之一的成就，只是因為他們總是受困於原本別人會為他們做的小事上。他們似乎不知道該怎樣從大的方面去想，不知道怎樣讓別人去操心細節 ── 正是這些小事消耗了他的時間，讓他失去力量。他們原本有能力去做的大事，現在卻幾乎沒有了這樣的能力。

保護自己的創造性能力，防止時間的「小偷」消融你的人生理想，摧毀你的人生事業。

當你沉湎於工作細節時，就不能對工作所處的關係有清晰的看法，你就有陷入失敗的危險。

沒有哪個傑出的將軍會自己掄起槍，與他的士兵一起衝鋒陷陣。因為，他會被戰場上的喧鬧聲蒙蔽雙耳，被戰場的煙霧遮蔽雙眼，無法看清楚敵軍的動向，不知道自己的軍隊

是否需要援軍，也不知道如何讓軍隊進攻敵人最薄弱的環節；他必須要遠離戰場 ── 可能是站在高地上 ── 看清楚整個戰爭的局勢。

如果你想成為商界的「將軍」，就一定要對自己的事務有清楚的了解，知道周圍的情況。當你陷入細節中無法自拔時，你的企業就可能處於危險的地步。要是你了解真切的情況，就能讓自己免於陷入困境。

很多人不僅無法成為將軍，連成為一等兵的權利都沒有。

「被細節殺死，他的事業被細小與瑣碎的事情所困擾，但這只是一個小職員應該做的事情。」這是很多原本有能力去取得一些成就的人最好的墓誌銘，這是因為很多人不知道如何讓自己免於陷入細節而被阻礙前行，導致一事無成。

很多人就是因為負責執行、計劃與貫徹重要事情的每個細節，因為他們不相信其他人去做，而導致自己大材小用。

毋庸置疑，一位公司老闆所寫的信件，在很多情況下都更具分量，會給公司帶來更多的銷售，帶來更多的生意。另一方面，如果他有一個負責執行的人去幫助他落實的話，那麼他就能更好地制訂計畫，向各方面拓展公司的業務，就可以銷售更多的產品了。所以，他可以聰明地調動員工的能

力，讓身邊的人去實現他的目標。如果他讓別人去幫助自己，就能比自己事必躬親創造數千倍的成就。

很多人之所以失敗，就是因為他們未能果斷地得出結論。當他還在猶豫不決、權衡利弊、當斷不斷之時，挽救他的機會已經過去了，到來的危機會摧毀他。

我猜想，在今日的失敗大軍裡，更多人會將失敗歸咎於自身的羞澀，缺乏開始的勇氣，而不是什麼其他原因。

羞澀之人總是不斷失去機會，而勇敢之人則能牢牢抓住。羞澀會扼殺自信。羞澀本身就是心理家族的失敗成員，它總是在說：「不要去那裡，不要去這裡，如果你去的話，就會惹上麻煩。」而勇氣則會說：「加油，加油，你怕什麼呢？讓我們勇敢前進。」但是，羞澀總是在後面徘徊、停滯不前。它時常看見機會被勇氣所抓住，然後，它的內心充溢著悔恨。

19　失敗者的墓誌銘

他未能消化所接受的知識。

憂慮殺死了他。

他沒有任何儲備。

他缺乏前進的動力。

他猶豫不決。

他過分敏感。

他不懂得說「不」。

他曾差經一點成功，但放棄了。

他從未找到適合自己的位置。

他堅守自己的成見。

一點小成功就讓他不思進取。

他過分自傲，聽不進別人的建議。

他沒有防備自身的缺點。

他做任何事情，都只是權宜之計。

他缺乏點燃自身力量的火種。

他沒有愛上自己的工作。

他的自私扼殺了他。

20　你的人生工作傳遞出什麼資訊？

衡量成功的真正標準，是你留下了什麼，以及你對其他人、對社會的影響。

如果一個人擁有了財富，卻丟掉了自己的人格，如果他

為了獲取財富而毀掉自己的名聲，他就是一個失敗者，無論他囤積了多少財富。

在獲得財富的過程中，如果他失去了自己的好名聲，為了金錢犧牲了友誼，如果他的目標低下與下流，為人霸道又自私，只想著占別人的便宜，抑或是剝奪別人的機會，讓別人成為自己前進的墊腳石，按照真正成功的標準來看，他就是一個失敗者。

如果我們將自己一生從事的工作，視為一所培訓學校，鍛鍊我們的人格，開發自身最大的潛力 —— 如果他將人生的奮鬥，視為為他提供前進的途徑，將人生的自律，視為不斷前進與專業化的選擇，將不斷克服困難視為一種鍛鍊，在遇到緊急情況，或是在自己成功地應對每種難以預料的情形時，不斷的錘煉自身的創造性與發明能力，發揮自身的足智多謀。這就是他不斷前進的途徑，他就不可能會失敗。即便他瞬間失去偶爾獲得的財富，抑或是他所仰仗的生意或是專業工具都失去了，他依然還有為人的氣概，有前進的動力，有大師的風範，這是一種習慣性勝利所散發出的力量，源於意識到自己永遠追求卓越的想法。

這樣的人並不怎麼擔心洪水或是災害，因為這些只能帶走他的財富而已。他的身上依然有為人的氣概以及卓越的個性。勇氣與風範依然在他心中，雖然很多身外之物都不見

了。但他知道人的性格是不可能被消除的，真誠的人格是不可能因為這些而失去的。

如果我們重視正確的事情，如果我們過上富有價值的生活，我們就會看淡許多所謂不幸的事情。我們應該要保持心態的平和與均衡，無論發生任何事情，都不可能將我們拋離這個中心，所以，不管我們遭受怎樣的困難，遭受了多大的損失，我們內心依然有最強大的東西。

誰會記得林肯剩下的金錢或是財產呢？作為歷史上最偉大的人之一，他雖然因子彈而倒下，但他依然活在我們心中，而且隨著時間的流逝，形象變得越發高大。時至今天，他已經活在數以百萬計的人民心中。林肯的品格是永遠不會消失的，他並不認為金錢會讓人永恆，他全身心地投入到對同胞的熱愛，任何汙點都不可能讓林肯的成功蒙塵。他的成就成為永恆的豐碑。

以往誠實的人生履歷，就是最偉大的成功，高尚的品格，就是一個成功之人最好的證明。

當你自鳴得意地累積著金錢，覺得囤積財富是一件非常美好的事情，並為很多人感到遺憾與惋惜，因為他們沒能夠像你這樣累積這麼多金錢時，也許，被你視為不切實際或是無關緊要的許多人，卻到處撒播陽光、歡樂與鼓勵。他們才可能是真正過著有意義的生活，相反的，你只是活在複雜、

緊張與斤斤計較的生活裡。那些被你看低的人，可能不像你那樣富有，但他們卻向那些被你鄙視的人，提供了許多幫助、歡樂以及希望。他們隨遇而安，幫助貧窮與不幸的人，自立於這個世界，分擔他們的痛苦，讓他們的人生變得更有價值，而此時你正自私地累積金錢，將你的能力、教育以及友誼都換成金錢。

一位年齡還小的職員工作了兩年，週薪還是只有可憐的300 美元。一天，他鼓起勇氣向老闆提出加薪的請求。老闆問他要加多少。

這位職員回答說：「嗯，我認為一週再加 200 美元也幫助不大。」

「嗯，你這個年齡還小，還不足以領 500 美元的週薪。」

「我想是的。我知道自己的年齡還小，但說實話，自從我來到這裡後，就沒有時間去學習了。」

很多雇主都會遇到像這位職員的困境，他們沒有時間與機會去學習，只是自己工作的奴隸，長時間的工作，已經讓他們筋疲力盡了。

一個充滿自私與貪婪的人，是永遠不可能成功的，無論他累積了多少金錢。而一個無私、樂於助人的人，則會到處傳播陽光與鼓勵之語，這樣的人絕不是失敗者，即便他住在茅屋。

　　歷史就像一架機器，能權衡與評價真正的價值。它曾讓許多人遭受苦難，最後卻又為他們平反。這個世界到處可見為那些當年被囚禁、迫害、虐待甚至殉道的人豎立的紀念碑。富人們，在累積財富時一定要注意，不要忽視或是虐待那些未能像你這樣富有的人。許多不會被邀請到你家做客的員工，可能比你在歷史的羊皮卷得到更高的評價。記住，總會有個時間、有個地方，你會因自身的誠實、你的為人，而不是你假裝的面具以及偽善的儀表被評價。總有一個時候、一個地方，你會被剝離一切身外之物，只剩下赤裸的你，別人就能看清楚你的真面目，知道你是怎樣的人。

　　當你不斷地累積財富的時候，最好在你不斷追求更多財富的時候停下來，並這樣反問自己：「我到底能帶走多少呢？這樣做，對這個世界意味著什麼呢？我的努力與追求，對這個社會有什麼幫助嗎？我會被人留下怎樣的評價呢？別人會覺得我自私、貪婪或是控制欲強嗎？覺得我總是靠不正當的手段，靠欺騙、耍把戲來占別人的便宜？難道我會落得個剝奪別人機會的臭名？他們是否會說我的成功，是建立在他們不幸的基礎上的？說我把他們當成墊腳石，在爬上之後就狠狠地一腳踹開？我死後，能不能給這個世界留下什麼東西呢？」

　　當有人問我會留下什麼東西時，我的回答應該是：「我留下了很多東西，但一樣都帶不走」，或是別人會這樣說：「關

於這個人的回憶，這個感恩的世界是不會忘記的」。

　　你的人生所傳遞的資訊，就是你成功或失敗的最好證明。自私、貪婪的人必然是失敗之人，無論他們囤積了多少財富。成功的標準不在於獲得了多少，而在於奉獻了多多少。所羅門曾睿智地說：「在你一切所得之內，必得聰明（或譯：用你一切所得的去換聰明）。」

官網

國家圖書館出版品預行編目資料

極簡投資學，從零開始：沒投對胎永遠貧窮？
機會永遠不屬於自己？一本書擺脫現有階級，
身為商場小白都該筆記！/ [美] 奧里森‧馬登
（Orison Marden）著；劉一凝 譯 . -- 第一版 . --
臺北市：財經錢線文化事業有限公司 , 2023.06
面；　公分
POD 版
譯自：Starting from scratch
ISBN 978-957-680-650-6(平裝)
1.CST: 成功法 2.CST: 財富
177.2　　112006597

極簡投資學，從零開始：沒投對胎永遠貧窮？機會永遠不屬於自己？一本書擺脫現有階級，身為商場小白都該筆記！

臉書

作　　　者：[美] 奧里森‧馬登（Orison Marden）

翻　　　譯：劉一凝

發 行 人：黃振庭

出 版 者：財經錢線文化事業有限公司

發 行 者：財經錢線文化事業有限公司

E-mail：sonbookservice@gmail.com

粉 絲 頁：https://www.facebook.com/sonbookss/

網　　　址：https://sonbook.net/

地　　　址：台北市中正區重慶南路一段六十一號八樓 815 室
Rm. 815, 8F., No.61, Sec. 1, Chongqing S. Rd., Zhongzheng Dist., Taipei City 100,
Taiwan

電　　　話：(02)2370-3310　　傳　　　真：(02) 2388-1990

印　　　刷：京峯彩色印刷有限公司（京峰數位）

律師顧問：廣華律師事務所 張珮琦律師

定　　　價：350 元

發行日期：2023 年 06 月第一版

◎本書以 POD 印製

獨家贈品

親愛的讀者歡迎您選購到您喜愛的書，為了感謝您，我們提供了一份禮品，爽讀 app 的電子書無償使用三個月，近萬本書免費提供您享受閱讀的樂趣。

ios 系統　　安卓系統　　讀者贈品

請先依照自己的手機型號掃描安裝 APP 註冊，再掃描「讀者贈品」，複製優惠碼至 APP 內兌換

爽讀 APP

- 📱 多元書種、萬卷書籍，電子書飽讀服務引領閱讀新浪潮！
- 🎧 AI 語音助您閱讀，萬本好書任您挑選
- 🔍 領取限時優惠碼，三個月沉浸在書海中
- 📚 固定月費無限暢讀，輕鬆打造專屬閱讀時光

不用留下個人資料，只需行動電話認證，不會有任何騷擾或詐騙電話。